In Dantes Kreis

In Dantes Kreis

Neue Wege zur *Göttlichen Komödie*

Hg. von Elmar Schenkel und Constance Timm

Edition Isele

EDITION ISELE

Alle Rechte vorbehalten © Eggingen 2023

ISBN 978-3-86142-641-7

www.klausisele.de

Herstellung:
BoD – Books on Demand, Norderstedt

INHALT

5

6

Einladung zu einer Reise

Stellen Sie sich vor, Ihr bisher gut situiertes Leben sei aus den Fugen geraten: Sie befinden sich, sowohl real als auch metaphorisch, »in einem dunklen Wald«, wurden aus Ihrer Heimat verbannt, sind getrennt von der Familie, müssen sich Ihren Lebensunterhalt mühsam mit Gelegenheitsarbeiten verdienen. Sie sind vom Wohlwollen anderer abhängig und die Angst lässt Sie nicht los, diese Gunst zu verlieren, oder aber Ihr Leben – ein Szenario, das menschlich aktueller ist denn je. Wären Sie nicht auch versucht, auf jedes Angebot einzugehen, das sich Ihnen bietet? Klingt fast ein wenig nach dem typischen Teufelspaktmotiv: der Abkehr von Glauben (und Vernunft), um einen Vorteil zu erlangen, nach Irrfahrten mit der wundersamen Läuterung am Schluss. Aber was, wenn dieses Angebot anstelle des Satans aus dem Munde von jemanden käme, den Sie ob seiner Verdienste hochverehren und der zudem von einem Wesen geschickt wurde, das den Namen jener Person trägt, die Sie am meisten lieben oder geliebt haben, egal, ob sich die Sehnsucht erfüllt hat oder nicht? Der angebotene Weg wäre jedoch nicht weniger als ein Gang durch die Hölle. Das Ziel nichts Geringeres als der Seelenfriede im Himmel. Wie würden Sie entscheiden?

Der italienische Dichter Dante Alighieri (1265-1314) hat in seiner großen poetischen Allegorie *Die Göttliche Komödie* eben jene Frage nach dem Was-wäre-wenn aufgeworfen. Vor dem Hintergrund seines eigenen Scheiterns, der Verbannung aus seiner Heimatstadt Florenz, dem Verlust von Familie, Einkommen und Ansehen, ist sein imaginärer Weg durch das christliche Jenseits (Hölle, Fegefeuer, Himmel), das bis heute zahllose Dichter und Denker beeinflusst hat und beeinflusst, nicht nur ein Gang durch die abendländische Geistesgeschichte des Spätmittelalters, sondern auch ein Gang, der beim Erzähler ebenso wie beim Leser nachwirkt. Es ist die Reise eines Dichters. Die Reise eines Philosophen. Die Reise eines Gläubigen. Die Reise eines Zweiflers. Eines Wissenschaftlers. Eines Suchenden. Eines Fürchtenden. Eines Liebenden. Es ist die Reise eines Menschen vor dem Hintergrund urmenschlicher Fragen, vor allem aber auch urmenschlicher Ängste. Wer sind wir? Und wo gehen wir hin? Was liegt hinter der letzten Grenze? Unser heutiges Bild vom Jenseits mit seinen Höllenkreisen, Höllenbewohnern, Geläuterten und Engeln ist das von Dante, welches dieser vor über 700 Jahren erschuf – Phantasie, die mächtiger ist als Wissen, wie Albert Einstein einmal so trefflich formulierte. Wer der historische Dante Alighieri war, aus welchen Quellen seine *Commedia* entstand, was diese so zeitlos macht und warum es sich lohnt, dieses epische Gedicht, diese Allegorie von einhundert Gesängen in Prosa oder in Versform zu lesen, diesen Überlegungen ist der Arbeitskreis für Vergleichende Mythologie e. V. (Leipzig) 2021 in seinem Jahresthema »Imaginäre Welten – Reise ins Andere, Reisen ins Ich« anlässlich des 700. Todestag des Dichters nachgegangen. Wir haben Literaturwissenschaftler, Historiker, Philosophen, Ethnologen, Archäologen, Slawisten, Mythologen, aber auch Schriftsteller wie Sibylle Lewitscharoff († 2023), Clemens Meyer, Jörg Jacob und André Schinkel, Naturwissenschaftler wie Bruno Binggeli und Ernst Peter Fischer sowie die renommierte Danteforscherin Franziska Meier gewonnen, das Phänomen Dante aus den unterschiedlichsten Perspektiven in den Blick zu nehmen.

Die Vorstellungswelt von Dante mag verloren sein, doch bleibt ein merkwürdiges Phantomglied zurück. Es soll in diesem Buch ins Auge gefasst werden. Dabei ergab sich eine faszinierende Reise, auf die wir Sie mit diesem Band einladen wollen. Denn im Grunde sind wir doch alle auf unsere eigene Weise Verirrte und damit alle ein wenig wie Dante. In jedem Fall stehen wir, nach Jahrhunderten, immer noch in Dantes Kreis.

Katja Brunsch danken wir für das Lektorat. Ein guter Ratgeber war zudem die Lesegruppe, die sich während der Pandemie wöchentlich online traf und alle Cantos der *Commedia* besprach, sowie Prof. Massimo Bacigalupo (Genua/ Rapallo).

Die Herausgeber, Constance Timm und Elmar Schenkel

Lesen Sie die *Commedia*, Sie werden es nicht bereuen

Von Sibylle Lewitscharoff

Viele Menschen befinden sich immer noch in der außerordentlichen Situation, gerade wesentlich mehr Zeit zur Verfügung zu haben als sonst. Was also tun? Herumsitzen und sich von schlechter Laune regieren lassen? Keine gute Idee. Falls Sie das Werk noch nicht kennen sollten, hätte ich eine Empfehlung – beschaffen Sie sich Dantes Meisterwerk, die *Divina Commedia*. Vermutlich sind etliche von Ihnen im Italienischen nicht so gut zuhause, dass Sie das Buch im Original lesen könnten. Dann darf ich Ihnen die Übersetzung von »Philaletes«, dem König Johann von Sachsen, empfehlen, der Mitte des 19. Jahrhunderts eine fulminante Übersetzung geliefert hat, die bis heute Gültigkeit besitzt. Johann versuchte, an Schriften aus der Dante-Zeit heranzukommen, um ein kleines Museum aufzubauen, und er lud in seinem Dresdner Schloss die damaligen Kenner des Werkes zu ersten Gesprächen über die *Commedia* ein.

Bezüglich der Übersetzung des Werks führt die deutsche Sprache die Weltrangliste an. Es gibt sage und schreibe über fünfzig Komplettübersetzungen und siebenundzwanzig Teilübersetzungen, darunter einige herausragende. Das Interesse an dem Werk begann im späten 18. Jahrhundert, im 20. Jahrhundert hagelte es dann die meisten Übersetzungen. Berühmt ist die Teilübersetzung von Stefan George, gehüllt in ein samtenes Dunkeldeutsch – sie klingt hervorragend, wenn man bereit ist, einem Übersetzer von Gedichten größtmögliche Freiheit zuzugestehen, um ein fremdes Werk gekonnt in die eigene Sprache zu schmuggeln. George trug die Verse Dantes wie ein Priester in abgedunkelten Räumen vor, erleuchtet von einer einzigen Kerze, die auf seinem Tisch stand. Bisweilen soll er dabei sogar einen Lorbeerkranz auf dem edlen Haupte getragen haben, aber das kommt mir übertrieben vor, lanciert von seinen Gegnern, denen das inszenatorische Gehabe des seltsamen Hohepriesters auf die Nerven ging.

Ich finde es schade, dass Stefan George nicht das komplette Werk übertragen hat, auch wenn sein Text hochgradig eigenwillig ist, klingt er doch faszinierend. Nicht weniger interessant, aber höchst sonderbar, wenn nicht geradezu irrwitzig, ist die Übersetzung von Rudolf Borchardt. Sie ist in einem erfundenen Deutsch zu Papier gebracht, das sich an provenzalischen Klängen orientiert. Zugleich versuchte der Dichter Borchardt, den Vokalreigen des Italienischen ins Deutsche zu übertragen.

Die Übersetzung klingt wunderbar, bisweilen recht eigenartig, allerdings muss man die *Commedia* kennen, um die Übersetzung wirklich zu verstehen. Borchardt lebte in den dreißiger Jahren in Oberitalien. Ihm gelang es, eine Audienz bei Mussolini in Rom zu erwirken, um dem Duce seine Übersetzung zu überreichen. Die Szene ist von hoher Komik. Als Mussolini die schwere Diktatorenfaust auf das Buch niedersenkte, war Borchardt davon überzeugt, der Duce habe ad hoc alles, aber auch wirklich alles begriffen, was in dem Buch stand (und das bei einer Übersetzung, bei der selbst gebildete Deutsche sich schwer damit tun, in der Lektüre glücklich bis ans Ende zu gelangen).

Außerordentlich war die Wirkung von Dantes *Commedia* während der russischen Verfolgung unter Stalin, in den deutschen Konzentrationslagern und in einigen Kriegsgefangenenlagern der deutschen Wehrmacht in Italien. Ossip Mandelstam gilt als ein begnadeter Dante-Kenner, der die *Commedia* im Original lesen konnte und in hoher Not herzergreifend darüber schrieb. Primo Levis Aufzeichnungen,

Dante betreffend, sind in Italien bekannt. Kurios wirken manche Berichte aus den von Deutschen eingerichteten Kriegsgefangenlagern in Italien. So manch gebildeter Professor hielt dort bei gut Wetter nach freier Rezitation von Dante-Versen regelrechte Colloquien für seine Mitgefangenen ab. Natürlich kam dabei hauptsächlich das Inferno zur Sprache. Die schwer leidenden Menschen sahen sich selbst schuldlos in eine Hölle versetzt und widmeten sich einem Text, der von extremen körperlichen Zumutungen handelt – ein einzigartiger Vorgang in der Geschichte der Literatur. Lassen Sie sich jedoch von den Greueln der Hölle nicht zu sehr im Voraus schockieren, greifen Sie zu dem Buch, Sie werden einen einzigartigen Gewinn davontragen, denn die Klangreigen dieser absolut erstklassigen Dichtung stehen in eigenartigem Kontrast zum strafenden Sadismus, der im ersten Teil der *Commedia* vorwaltet. Die Verse klingen wunderbar, ihr Inhalt ist drastisch.

Auch im Purgatorium geht es nicht gerade milde zu. Die Strafen sind zeitweise immer noch heftig, doch in den leidenden, zitternden, zagenden Seelen keimt bereits die Hoffnung auf Erlösung. Alles wird luftiger, leichter; von der Hoffnung angetrieben erklimmen die toten Scheinkörper den Läuterungsberg, wie es auch Dante tut, noch immer in Begleitung seines Jenseitsführers Vergil. Auf dem Gipfel des riesigen Berges, der aus dem Ozean ragt, muss Vergil wieder ins Inferno zurückkehren, allerdings an einen zwar verhangenen, aber körperlich nicht strafenden Ort, eine Art Vorhölle im permanenten Dämmerzustand. Der Abschied ist schmerzhaft, auch für den Leser, der es als ungerecht empfindet, dass der Mann, der Dante so treu und gewissenhaft geleitet hat, nun wieder in eine freudlose Sphäre verbannt ist, und zwar nur, weil er kein Christ war, obwohl er als Heide, der vor der Geburt Jesu lebte, das Christentum noch gar nicht kennen konnte.

Das letzte Abenteuer, das Dante nun bevorsteht, den
Flug gen Himmel in Begleitung Beatrices, seiner heiß geliebten und leider früh verstorbenen Jugendliebe, diese elegant vonstatten gehende Reise wird ohne die Zuhilfenahme
eines Gerätes inszeniert, als freier, mit Armen und Beinen
selbstgesteuerter Leibflug, der in ein Gefild führt, in dem
Leichtigkeit, Anmut, Klugheit und jauchzendes Glück vor-
herrschen.

Es gehört zu den schwierigsten, ja fast unmöglichen
Aufgaben der Literatur, nicht nur den brutalen und hässli-
chen Seiten des Lebens eine Stimme zu verleihen, sondern
auch der Schönheit, der Freiheit, gar etwas so Unwahr-
scheinlichem wie der Erlösung. Und dies gelingt Dante in
bezaubernder Form. Dabei ist kein Gewabere im Spiel, kein
kitschiges Sprachgewoge, kein Schwebebo-Schwibibi, denn
die Vernunft führt auch hier das Wort. Obwohl der dritte
und letzte Teil der *Commedia* eher selten zitiert wird, gehört
er zur schönsten Dichtung, die je geschrieben worden ist.
Und er wartet mit einer gloriosen Erfindung auf: Gott
bleibt verborgen. Er tritt nicht als edler und meist verkitsch-
ter Greis in Erscheinung, nicht mit weißgelocktem Haar,
das Ihm bis auf die Schultern fällt, den Körper gehüllt in
ein bodenlanges, weißes Gewand. Ein schwirrender Kreis
von Engeln, der unablässig um Seinen kosmischen Wohnsitz zirkuliert, verbirgt den eigentlich Unnennbaren. Dante
hört hier auf die Bibel, die verbietet, dass man sich von Ihm
ein Bild macht.

Planet Dante. Ein Reisebericht

Von Elmar Schenkel

Je größer ein Gegenstand ist, desto subjektiver die Zugänge zu ihm. Der Gegenstand hört bei einer bestimmten Größe geradezu auf, Gegenstand, das heißt überschaubar, beschreibbar, berechenbar zu sein. Er wächst über das Vermögen des einzeln Wahrnehmenden hinaus, wie der Berg Sainte Victoire bei Cézanne, der ihn immer wieder neu malen musste. Solche großen »Gegenstände« sind Meere und Gebirge. Auch die mikrobiologischen Vorgänge gehören dazu, die sich in ihre andere Unendlichkeit verlieren: Das Kleine ist nur der Zipfel eines großen Unsichtbaren. Groß ist die Erde selbst, sodass wir nur durch den Blick aus dem Weltall sehen, wie rund sie ist. Ähnlich die Werke Shakespeares, die Bibel, Leonardo da Vinci. Wie Planeten schwingen sie um unser Bewusstsein und mehr noch um unser Unbewusstes. Auch Dantes Werk ist ein solcher Planet, möglicherweise noch der am wenigsten bekannte. In unseren Breiten ein fast unsichtbarer, der nur von Zeit zu Zeit, je nach Maßgabe des sich feiernden Dezimalsystems, das uns Jubiläen beschert, auftaucht. Einige Astronomen richten kurzzeitig ihre Fernrohre auf den Himmelskörper, echauffieren sich und diskutieren, während er schon längst wieder am Horizont verschwunden ist.

Was ich sagen will: Dantes Werk ist so komplex und vielschichtig, solch ein phantastischer Schwamm, der sämtliche Philosophien und Wissenschaften in sich aufgesogen hat, nicht nur die seiner Zeit und des Christentums, sondern auch das Wissen und die Mythen der Antike und noch die Fragezeichen der beginnenden Neuzeit. Diesen Schwamm pressen seit Jahrhunderten Akademiker der verschiedensten

Disziplinen, um einen objektiven Dante zu erzeugen, einen Gegenstand mithin. Aber diesen wird es nie geben. Wie Satelliten umschwirren die Werke der Sekundärliteratur den kaum zu erfassenden Planeten, oft genug verdecken sie Landungsmöglichkeiten, indem sie auf ihre Wissenschaftlichkeit pochen. Dantes Ruhm, schreibt Ossip Mandelstam, sei das größte Hindernis für ein tieferes Verständnis des Werkes (Mandelstam 125).

Doch die *Göttliche Komödie* geht über die Philologie und Ideengeschichte hinaus. Daher gibt es viele subjektive Zugänge zu diesem Gebirge: Es können breite Alleen sein mit bekannten Überblicken ebenso wie steile Bergpfade, die andere Aussichten ermöglichen, eingezäunte Aussichtspunkte mit Ferngläsern für Touristen ebenso wie Felsvorsprünge, die einen schwindeln machen. Ich beginne also mit dem Schwindel, mit dem vielleicht alle Schöpfung beginnt.

Ich kann hier jedoch nur über meinen Schwindel reden. Er erfasste mich während des Studiums englischer Lyrik, insbesondere des anglo-amerikanischen Modernismus. In T. S. Eliots »The Waste Land« (1922), diesem Manifest moderner Poesie, wirkt Dante im Hintergrund. Mannigfach sind die Referenzen an Dante, die der britisch-amerikanische Dichter mit den verzweifelten Tönen des 20. Jahrhunderts färbt, mit der Stimmung nach dem Ersten Weltkrieg, mit seinen eigenen Störungen. Eliot und sein Freund Ezra Pound klammerten sich an die Klassiker wie an treibende Planken nach einem Schiffbruch, an die antike Dichtung, die Troubadours, an Dante. Bei Eliot strömen die Geister der Toten über die London Bridge, er wähnt sich in einem gespenstischen Jenseits. Die Figuren, die aus dem Nebel auftauchen und denen er zuruft, wie Dante den Insassen der Hölle, sind gezeichnet vom inneren und äußeren Krieg, von Lebensverzerrungen und Ängsten. Das Langgedicht widmete er Pound, der es auf ein Drittel seiner ersten Länge herunter lektoriert hatte. Die Widmung wiederum zitiert Dante oder besser, eine Figur bei Dante, den Dichter Guinizzelli:»To Ezra Pound. Il miglior fabbro«, schreibt Eliot, macht sich hiermit zu einem italienischen Dichter, der den provenzalischen Troubadour, in diesem Fall Pound, noch über sich stellt. Pound wiederum fand, Arnaut Daniel sei der größte Dichter aller Zeiten gewesen. Und sind diese Zeilen aus seiner Kanzone »Vom vergeblichen Werben« nicht herrlich:

> leu sui Arnaut qu'amas l'aura
> E chatz le lebre ab lo bou
> E nadi contra suberna

> Ich, Arnaut, türm Luft auf Winde,
> schick den Stier auf Hasenfang,
> schwimm mit Lust dem Strom entgegen.

Als Dante mit Vergil im siebten Kreis des Fegefeuers wandert, kommt ihm Arnaut Daniel entgegen. Auf ihn verweist ein Dichter, den Dante zuvor getroffen hat, Guido Guinizzelli, und sagt: Jetzt kommt der, der noch besser ist als ich, »il miglior fabbro del parlar materno«, ein besserer Schmied der Muttersprache. Angeblich soll er auch Prosaromane geschrieben haben – vielleicht sogar den, bei dessen Lektüre sich Francesca und Paolo geküsst haben (Inferno V) – doch das ist wohl eine Fehlmeldung. Dante erweist dem Entgegenkommenden die größte Ehre, indem er ihn provenzalisch sprechen lässt: »Ieu suis Arnaut, que plor e vau cantan« – ein stolzer und trauriger Satz, »ich bin Arnaut, der weint und singend geht«.

In diesen italienisch-provenzalischen Welten versteckte sich die Moderne. Man identifizierte sich mit diesen Geistern und hohen Worten und bezog sie auf sich selbst, denn sie gaben den Dichtern des 20. Jahrhunderts eine Stellung, einen Rahmen und der Poesie eine Richtung. Es konnte bis zur Mimikry gehen. Als die amerikanische Lyrikerin Jacqueline Osherow erstmals Dante las, glaubte sie, T. S. Eliot zu lesen (Osherow 265).

Mich bewegte das alles sehr, einmal, weil mich die Modernisten mit einer versunkenen Welt konfrontierten, die sie als gebürtige Amerikaner in Europa fanden, während wir Europäer sie weitgehend vergessen haben. Zum anderen war ich in der Freiburger Romanistik an einem Projekt zur altprovenzalischen Lyrik beschäftigt (als wissenschaftliche Hilfskraft). Wir mussten Gedichte der Trobadores übersetzen; ich saß an einem Mönch, der eher Unauffälliges geschrieben hatte. Aber da fiel der Name Arnaut Daniel natürlich. Der Professor, der diesen »Grundriss der Romanischen Literaturen des Mittelalters« steuerte, hieß Erich Köhler, und einer seiner jüngeren Kollegen war damals der nicht mit ihm verwandte Hartmut Köhler. Ich empfand den Jüngeren als Freigeist mit weitgespannten Interessen. Als er später nach Trier ging und ich nach Tübingen, blieben wir locker in Kontakt. Kurz vor meiner Umsiedlung nach Leipzig 1993 tauchte er wieder auf, vermittelte mir die Bekanntschaft mit einer Leipziger Romanistin und verschwand wieder. Aber leider für immer, denn er starb früh, hinterließ jedoch ein massives Werk an Übersetzungen aus romanischen Sprachen. Darunter war eben auch die *Göttliche Komödie* Dantes, die 2011, ein Jahr vor seinem Tod, bei Reclam erschien. Der Zugang zu Dante ist immer auch ein Zugang durch Übersetzungen. Nachdem ich jahrzehntelang Übersetzungen gesammelt hatte, von denen mich die meisten durch ihre Vers-Treue und damit häufige Unverständlichkeit abgewimmelt hatten, stieß ich auf die zweisprachige Ausgabe von Hartmut Köhler, die durch ihre sprachliche Nähe zur Gegenwart auffiel. Auch die langen Kommentare sind oft durchschossen von satirischen oder skurrilen Bezügen, die den in Namen und Kontexten versinkenden Leser ermuntern, nicht aufzugeben.

Immer wieder aber waren es die Dichter, die mir die Zugänge verschafft haben. Da ich unter anderem auch als Anglist auf Dante schaue, so möchte ich an die englische Kriminalautorin Dorothy Sayers erinnern, die auch Theologin war. Wenige Zeilen vor dem Auftritt Arnaut Daniels finden sich Verse, mit denen sie ihre Übersetzung dem befreundeten Schriftsteller Charles Williams widmete. Charles Williams, Lektor und Schriftsteller, gehörte zum Kreis der sogenannten Inklings, einer Oxforder Gruppe um Tolkien, C. S. Lewis und Owen Barfield. 1983 gründete sich in Deutschland eine Gesellschaft, die sich auch Inklings nennt, und die sich den Werken dieser Autoren sowie allgemein der Phantastik, Theologie und Philosophie widmet. Der Gründer hieß Gisbert Kranz, ein Privatgelehrter aus Aachen. Bei einer Charles-Williams-Tagung lernte ich ihn kennen und wir freundeten uns an. Kranz (1921-2009) war ein äußerst produktiver Autor und frommer Katholik. Er war es, der immer wieder auf den Einfluss Dantes bei den Inklings hinwies. So finden sich in seinem Aufsatzband *Kafkas Lachen* sehr informative Artikel zu Dante bei Chesterton, Charles Williams, George MacDonald und C. S. Lewis. Was ich bis heute an Kranz' Darstellungen (in über 50 Büchern) schätze: Er ist klar, direkt und immer gehaltvoll.

So schreibt er auch über Dante und Charles Williams. Ein wenig bekannt haben den Briten seine »supernatural shockers«, moderne Schauerromane, gemacht, etwa vergleichbar mit Arthur Machens Erzählungen. Aber er hat sich auch als Theologe und Dante-Interpret betätigt, vor allem in seinem Essay *The Figure of Beatrice* (1943). Dorothy Sayers war davon so angetan, dass sie begann, sich mit Dante zu beschäftigen, und zwar im Luftschutzkeller, als die Deutschen England bombardierten. Wahrscheinlich half ihr Dantes

Reise, die eigene, gerade in sich zusammenstürzende Welt besser zu ertragen. Sie lernte eigens dafür Italienisch und übersetzte die ersten beiden Teile für den Penguin Verlag. Der dritte Teil blieb unvollendet und wurde von einer Schülerin und Freundin der Übersetzerin zu Ende geführt.

Dass sie Dante im Krieg entdeckte, könnte ein Indiz dafür sein, dass dieses Werk auch beim Überleben und bei der Bewältigung von Leiden und einer schwierigen Zeit hilft. Relativiert sich das eigene Leiden, wenn man mit Dante und Vergil durch die Hölle zieht? Lenkt es ab oder hilft es vielmehr, die Wurzeln des Leidens und des Bösen besser zu durchdringen?

Doch wie stand es um Dante, Krieg und Faschismus auf deutscher Seite? Es war ja auch möglich, die Höllenschilderungen als Sadismus zu lesen. Schon Nietzsche hatte den Dichter als »Hyäne, die in Gräbern dichtet« bezeichnet. Viktor Klemperer stellte in der Zeit des Nationalsozialismus fest, dass die Dante-Studien ungeahnte Höhen erreichten, weil deutsche Akademiker und italienische Kollegen den politischen Schulterschluss suchten. Drei Jahre nach Kriegsende schickte Arno Schmidt einen fiktiven Brief an »Herrn Dante Alighieri / Berlin / Reichssicherheitshauptamt / Abt.: Einrichtung von Lagern.« Darin schreibt er: »Nie werden die Denkmale Ihres reichen Geistes – Auschwitz, Dachau, Buchenwald, Belsen – im Gedächtnis der Nachwelt untergehen! Sollte man diese auch dereinst schließen, werden doch ihre genialen Anregungen immer wieder anderswo auf empfänglichen Boden fallen und stets auf's Neue zeugen von dem, was Menschengeist vermag!« (DIE WELT, 2015).

Es kommt auf Einstellungen an, auf nahe Erfahrungen, Traumata, die so oder genau in ihrem Gegenteil wirken. Für Ossip Mandelstam, den großen russischen Lyriker jedenfalls, wurde Dante zu einem Rettungsanker, nachdem er wegen eines Gedichtes über Stalin in die Verbannung geschick worden war. Sein »Gespräch über Dante« zeigt wiederum ganz andere Zugänge als die der Theologie oder Politik. Ein Gespräch kann es sich leisten, von einem Thema zum anderen zu springen und dabei die gewagtesten Vergleiche zu ziehen. Mandelstam spricht von Dantes »chemischem Orchester«, von der wunderbaren Kindlichkeit der italienischen Sprache, einem »uralten Dadaismus«. Mal ist Dantes Werk reinste Musik, mal erscheint es ihm wie eine geologische Schichtung, als »Offenbarung der inneren Struktur des Marmors oder des Granites selber«. Dann wieder sieht er, wie Bienen an diesem dreizehntausendflächigen Bau gearbeitet haben, begabt wie sie sind, mit einem »genialen stereometrischen Instinkt«, der »immer das Ganze im Auge behält«. (Mandelstam, 130f.)

Vor allem dient ihm das Gespräch aber zur Klärung seiner eigenen Poetik. Es ist eine sehr körperlich bezogene. Dantes Poesie wie Philosophie entstehen im Gehen. »Selbst das Innehalten ist eine Spielart konzentrierter Bewegung.« Der Russe fragt sich, wie viele Sandalen Dante wohl während seiner dichterischen Arbeit auf den Ziegenpfaden Italiens durchgelaufen habe. Eine Frage, die Mandelstam sich selbst sicherlich auch gestellt hat, denn er musste sich beim Dichten fortwährend bewegen, im Zimmer auf- und abgehen, im Hof, auf der Straße gehen, gehen, gehen, die Füße der Verse erfassen, die Metren körperlich erfahren. So jedenfalls erinnert sich seine Witwe Nadeshda Mandelstam in ihren Memoiren. Seine Sohlen seien immer durchgelaufen gewesen.

Poesie wird in Mandelstams Poetik zu einem höchst beweglichen Spiel, dem Tanz gleich, und so steigert er sich in seiner Metaphorik, um der Dichtung auf die Schliche zu kommen: »Man muss springend einen Fluss überqueren, der voll ist von beweglichen und in verschiedene Richtungen strebenden chinesischen Dschunken – so entsteht der

Sinn poetischer Sprache.« (Mandelstam, 115) Ein wunderbares Bild, das auch für den Vorgang des Übersetzens gilt. Auf Mandelstam wurde ich durch den irischen Dichter Seamus Heaney aufmerksam. Heaney, Nobelpreisträger von 1995, sah sich in einer Reihe von Lyrikern, die Dante in der Moderne weitertrugen und sich von ihm anregen ließen: W. B. Yeats, T. S. Eliot, Thomas Kinsella oder Geoffrey Hill. Heaney fand in Mandelstams »Gespräch über Dante« viele Elemente seiner eigenen Poetik wieder.

Der argentinische Dichter und Essayist Jorge Luis Borges ist vielleicht einer der größten Bewunderer des Toskaners. Dantes Pilgerfahrt habe ihn zu dem besten Buch geführt, das Menschen je geschrieben hätten (Borges, 155). Seine »Neun dantesken Essays« sind natürlich sehr borgesk. Man wird hier Labyrinthe, Reisen in das Unbekannte, angelsächsische Visionäre, Träume und den Vogel, der alle Vögel in sich schließt, finden, aber auch genaue Blicke auf einzelne Verse und die schwingenden Horizonte ihrer Bedeutungen.

Als junger Mann hatte Borges sich Italienisch mit Hilfe der Göttlichen Komödie beigebracht. Als er mit diesem Italienisch die Bewohner Italiens ansprach, war die Verwunderung, aber sicherlich auch Bewunderung sehr groß. Wir kommen hiermit zurück zu dem Zauber der italienischen Sprache, die so viel von dem Wert der *Komödie* ausmacht. Als ich das Glück hatte, eine Zeitlang in Ligurien zu wohnen, traf ich mich mehrmals die Woche mit einer alten Dame, einer Dante-Kennerin. Wir gingen ganz langsam Vers für Vers durch, Wort für Wort. Vielleicht haben wir nur ein, zwei Gesänge geschafft. Geblieben aber ist eine Erinnerung an die Magie der Sprache, an die spiegelnden Meere der Bedeutung, die Dante mit seinem Italienisch so klangvoll ausbreitete.

Borges, Jorge Luis. »Neun danteske Essays (1982)«, in *Gesammelte Werke. Die letzte Reise des Odysseus. Essays 1980-1982.* Übersetzt und hrsg. von Gisbert Haefs. München: Hanser 1987, 135-182.

Eliot, Thomas Stearns. *Dante.* London: Faber & Faber 1966.

Heaney, Seamus. »Envies and Identifications. Dante and the Modern Poet«, in Peter S. Hawkins, Rachel Jacoff, eds. *The Poets' Dante.* Twentieth Century Responses. New York: Farrar, Straus and Giroux 2001 239-258.

Inklings: http://www.inklings-gesellschaft.de/

Kranz, Gisbert. *Kafkas Lachen und andere Schriften zur Literatur 1950-1990.* Hg. von Elmar Schenkel. Köln/Wien: Böhlau 1991.

Mandelstam, Ossip. »Gespräch über Dante«, in *Gespräch über Dante. Gesammelte Essays II 1925-1935.* Übersetzt und hrsg. von Ralph Dutli. Zürich: Ammann Verlag 1991, 113-175.

Osherow, Jacqueline. »She's Come Undone. An American Jew Looks at Dante«, in Peter S. Hawkins, Rachel Jacoff, eds. The Poets' Dante. Twentieth Century Responses. New York: Farrar, Straus and Giroux 2001, 265-276.

Die Welt, 2015: https://www.welt.de/print/die_welt/literatur/article141390812/Dante-oder-die-Hyaene.html

Landschaften jenseits der Wirklichkeit –
Die Commedia und einige Gedanken zur Topographie des Jenseits

Von Jörg Jacob

> Er nahm sich an der Göttersitze allesamt.
> Allumfassende Weisheit besaß er in jeglichen Dingen. Er sah das Geheime und
> deckte auf das Verhüllte (Gilgamesch-Epos)

Wohin sich Jenseitsreisende auch immer begeben – sei es Hades, Hölle oder Paradies – und auf welchen Wegen sie dahin gelangen, sie verlassen in jedem Fall die Lebenswelt der Menschen, um »das Geheime zu sehen und das Verhüllte aufzudecken«. Jenseitsreisende überschreiten den Fluss, überqueren das Gebirge, erheben sich in die Lüfte so leicht wie ein Hauch und erreichen die höchsten aller Himmel. Sie steigen hinunter in düstere Unterwelten, wagen sich in Schlünde und Grüfte, tauchen zum Meeresgrund, gelangen in die tiefste aller Tiefen und – was normalerweise den Sterblichen verwehrt bleibt – sie kehren wieder zurück, um uns Lebenden Bericht zu erstatten.

Dante Alighieris *Commedia* ist in vielerlei Hinsicht außergewöhnlich und zweifellos etwas Neues in ihrer Zeit, sie ist ein Kompendium des Wissens, voller Anspielungen zum politischen Zeitgeschehen, ist Spiegel sozialer und moralischer Befindlichkeiten, eine Bestandsaufnahme der italienischen Gesellschaft des 14. Jahrhunderts, ist Liebesdichtung und bedeutender Beitrag zur Entwicklung der italienischen Volkssprache. Neben all diesen Aspekten steht sie in der Tradition der Jenseitsreisenden, jener Wanderer durch Höllen und Himmel seit Gilgamesch, dem großen König des

Zweistromlandes, der sich vor 5000 Jahren als einer der Ersten (so viel wir jedenfalls im Moment wissen) auf den Weg machte, um das Geheimnis des Todes zu ergründen.

Die Darstellung und Beschreibung von Anders- und Unterwelten und der Wege, die dorthin führen, bilden ein Genre, das es schon lange vor (und auch noch nach) der *Commedia* gegeben hat. Dante aber hat seinen eigenen Realismus geschaffen und das bisher meist nebulöse Jenseits als ein gewaltiges Panorama gestaltet. Vor allem seine komplexen Darstellungen der »Höllenlandschaften« zeigen nicht mehr nur den einen Schreckensort, sondern differenzieren vielfältige Landschaften des Schreckens, die er detailliert ausmalt. Seine Landschaften des Jenseits spiegeln sicher bis zu einem gewissen Grad auch Landschaftserfahrungen der realen Welt. Eindrücke und Erlebnisse aus den lombardischen Städterepubliken und während seiner Reisen in Norditalien spielen hier möglicherweise eine Rolle. Insbesondere die als »Teufelstal« bekannte Gegend um Monterotondo mit ihren heißen Quellen und Geysiren, aus denen schwefelhaltige Dämpfe aufsteigen, könnten Dante, der sie vermutlich kannte, unter anderem inspiriert haben. Aber auch die Höhlen von Škocjan, durch die der Fluss Reka tost, könnten Inspirationsquelle für Dante gewesen sein. Interessanter noch scheint mir aber ein Hinweis auf die Deckenmosaiken der Taufkirche des Doms von Florenz und deren trichterförmigen Kuppel. Hier konnte Dante einen dreiköpfigen Dämon besichtigen, der womöglich Vorlage für seine Luziferdarstellung gewesen ist. Seine Landschaftsschilderungen in der *Commedia* implementieren aber in weitaus stärkerem Maße fantastische Bilder, die wirkliche Gegebenheiten und Erfahrungen überhöhen und verfremden.

Der Weg des Wanderers in der *Commedia* führt zunächst durch Wald und Tal. Der Wald wird als wild und finster beschrieben und das Tal führt hin zu jenem Berg, der von der Sonne bestrahlt wird, jedoch nicht bestiegen werden kann, denn wilde Tiere drängen den Wanderer zurück in die Tiefe und Dunkelheit des Tals. Auf Wald und Tal folgt ein Gewässer, der Fluss Acheron, jener Hauptstrom der Unterwelt, in den Styx und Kollegen (Kokytos, Phlegethon und Lethe) münden. Meere und Flüsse bilden in den meisten mythologischen Schilderungen des Jenseits eine natürliche Grenze zwischen den Welten der Lebenden und der Toten. Der Acheron ist allerdings nicht nur mythischer, sondern auch realer Fluss: Im Nordwesten Griechenlands fließt er heute noch wie schon vor Jahrtausenden. Und wie alle anderen überlieferten Hades-Zugänge befindet er sich am Rande der antiken griechischen Welt. Sind Wald, Tal und Berg in der *Commedia* namen- und konturlos und rein allegorisch zu verstehen, taucht mit dem Acheron ein konkreter Bezug zur Jenseitsvorstellung der Antike und eine reale landschaftliche Situation auf. Es werden in der Folge dann vor allem landschaftliche Extreme geschildert – auf lebensfeindliche Waldwildnis folgen Eissee und Sandwüste –, um das mannigfaltige Bestrafungssystem für die weltlichen Verfehlungen der Menschen möglichst drastisch darzustellen. Auch die Satans-Stadt der Leiden mit all ihrer durchaus vorhandenen Infrastruktur bleibt im Ungefähren. Sie besitzt die typischen Merkmale jener Städte, die Dante kannte: Turm, Tor, Stadtmauern, Gassen. Anstelle der Wohnhäuser finden sich hier – naturgemäß – steinerne Särge und Grabmäler.

Bewegt sich der irdische Wanderer zumeist in der Horizontalen, folgt der Jenseitsreisende einer vertikalen Achse. Dunkel und Licht, Böse und Gut sind die gegensätzlichen Pole dieser Achse. Der christliche Jenseitswanderer hat dabei naturgemäß das Ziel, die Destination Paradies zu erreichen. Verbunden damit ist der hohe Wunsch nach Erlösung und Gottesnähe. Eine meiner frühesten Erinnerungen hin-

sichtlich der Wege zum Jenseits bezieht sich auf ein großformatiges und aufwendig gerahmtes Bild in der Wohnstube einer alten Dame; ich war als Kind oft zu Besuch bei ihr.
Dieses Bild zog mich jedes Mal, wenn ich dort war, in seinen Bann: Es zeigte einen breiten, sorgfältig gepflasterten
Weg, auf dem gutgelaunte und elegant gekleidete Menschen
flanierten; ohne Zweifel waren sie wohlhabend und ihr Leben konnte als glücklich angenommen werden. Parallel zu
ihnen am äußersten rechten Bildrand führte ein erbärmlicher Pfad durch Dornengestrüpp und über wüste Steinhaufen hinweg. Dort sah man einen einsamen Wanderer in zerfetzter Kleidung mühevoll aufwärtssteigen. Es bedarf wohl
keiner besonderen Erklärung, dass jener mühsame Weg zu
den Pforten des Himmels führte, während die bequeme
Straße die Gutsituierten geradewegs in die Hölle beförderte.
Als sich Gilgamesch seinerzeit auf den Weg machte,
führte sein Weg aus vertrauter Steppenlandschaft zunächst
in ein Gebirge, dann durch Wald zum Meeresufer. Dieses
Meer muss überquert werden, und nach einem sinnlosen
Gemetzel am Seemann Ur-schanabi und seinen Gehilfen
gelingt dies auch mithilfe von langen Holzstangen, die Gilgamesch zum Staken benutzt. Von Anfang an werden also
anonyme Großlandschaften zitiert: Gebirge, Wald, Meer.
Die Unterwelt selbst ist in einem nicht näher definierten
Bergland verortet, das schwerlich eine irdische Entsprechung finden dürfte, ist doch die mesopotamische Ebene
von zahlreichen bergigen Regionen umringt. In der Antike
hingegen stellte man sich das Jenseits als ein riesiges diffuses Niemandsland vor, eine unterirdisch gelegene Welt, in
der Menschen nach ihrem Tod als Schattengestalten umherirren, nicht wissend, wozu und wie lange sie in diesem
unbestimmten Transitraum bleiben müssen. Die Zugänge
zu dieser jenseitigen Unterwelt, dem Hades, waren in der
Antike aber konkrete Orte, allesamt im Westen der griechi-

schen Welt gelegen: Der Lago d'Averno westlich von Neapel, die Quellen des Acheron in Epirus und jener am Kap Tenaro auf der Halbinsel Mani, dem südlichsten Ausläufer der Peloponnes, den schon Herakles für seine Hadesreise genutzt haben soll. Kahle, noch immer hoch aufgeworfene Berghügel bilden dort das letzte Aufbegehren des Balkangebirges, dessen südlicher Strang am Kap Tenaro im Meer verendet und gleichsam in sein Gegenteil umgekehrt wird, da nämlich, wo das Meer in die ungeheuerliche Tiefe von mehr als 5000 Metern absinkt. (Das Calypsotief ist eine der tiefsten Stellen des Mittelmeeres überhaupt.)

Eine Wegstunde vom Kap entfernt befand sich das Totenorakel der Spartaner, nahe also bei einem der überlieferten Zugänge des Hades. Die Straße dorthin ist schmal, sie schlängelt sich durch menschenleere Gegend, der Wanderer wird stumm beobachtet von verfallenden Wohntürmen, die auf den umliegenden Berghängen wie Stacheln auf dem Rücken eines urzeitlichen Tieres in die Höhe ragen. Kein Baum, kaum Gesträuch, außer mitleiderregenden Feigenkakteen, säumen den Pfad, die wenigen Siedlungen wirken menschenverlassen und eine Stille senkt sich, sinkt immer tiefer, dringt in Gedanken und Empfindungen ein. Das Ende der Welt habe ich mir seit Kindertagen nicht anders vorgestellt.

Eine Ruine bei Kokkinogia gilt als Überbleibsel – wahlweise des antiken Nekromanteion selbst oder jenes Poseidon-Tempels, den es der Überlieferung nach ebenfalls hier gegeben hat. Tatsächlich aber soll es sich bei dem Bauwerk um eine postbyzantinische Kapelle handeln, die allerdings auf einem älteren Vorgängerbau errichtet worden sein könnte. In einer kleinen Bucht unterhalb dieser Ruine lässt sich eine nur wenige Meter breite und tiefe, von Gestrüpp überwucherte Höhlung im Felsgestein finden. Diese Höhlung soll der eigentliche, wahre Ort der Orakelstätte gewesen sein. Dort saß der Klient und lauschte vermutlich ehrfürchtig auf die flüsternden Stimmen aus der Unterwelt. Denn der Zugang zum Hades ist hier nicht mehr weit entfernt. Die Hades-Höhle unterhalb der felsigen Steilküste des Kap Tenaro ist jedoch nur vom Meer her erreichbar. Der britische Reiseschriftsteller Patrick Leigh Fermor ist während seiner Mani-Reise in den fünfziger Jahren des letzten Jahrhunderts hineingeschwommen: »Die Luft war dunkel, doch unter der Oberfläche schimmerte das Wasser in einem magisch leuchtenden Blau, und mit einer einzigen Hand- oder Fußbewegung konnte ich schimmernde Säulen von phosphoreszierenden Bläschen erzeugen. Es war, ganz anders als erwartet, kein bißchen unheimlich, sondern bis auf die Kälte des Wassers, das nie ein Sonnenstrahl erreicht, still und friedlich und wunderschön. Durch das Licht, das unter Wasser vom fernen Höhleneingang ins Innere strömt, hat es den Anschein, als schwimme ein Eindringling, der von einer phosphoreszierenden Hülle umgeben in die kühle Tiefe hinabtaucht, mitten im Herzen eines riesigen Saphirs.« (P. L. Fermor, Mani ,Kap. 10, Das Tor zur Unterwelt)

Hölle und Himmel – Dante gelangt von der einen Jenseitswelt zur anderen, nicht ohne mit dem Läuterungsberg eine Zwischenstufe bemeistern zu müssen. Das eigentliche geografische Scharnier aber bildet der vereiste Teufelsleib im Erdmittelpunkt. Wie ein Wurm in der Mitte eines Apfels hockt das Böse im Zentrum unserer Welt – ein durchaus deprimierendes Bild, das Dante hier gezeichnet hat. Seine Hölle wird, je weiter der Wanderer voran- bzw. hinabkommt, immer enger, vergleichbar einer Fischreuse, und wie ein Fisch schwimmt auch der Sünder hinein, und je tiefer er gelangt, desto unwiderruflicher ist er verstrickt, denn die Anziehungskraft des Bösen wird hier offenbar mit der Schwerkraft der Erde in Beziehung gesetzt.

An der Stelle, an der es nicht mehr weiter zu gehen scheint, wo dem Wanderer nur noch Umkehr möglich scheint, gibt es aber eine überraschende Wende ins Gegenteile. Vom Mittelpunkt der Erde aus kann wieder aufwärts gestiegen werden, jedoch nun auf der entgegengesetzten Seite der Erdkugel. Nicht allein eine physikalische, sondern auf zweiter Ebene gleichermaßen auch eine philosophische Herausforderung: Was bei Kierkegaard schon Sprung sein muss, ist für Dante allerdings noch ein wenig einfacher, mit »Drehung und vorsichtigem Schritt« zu bewältigen. Wagen wir dies und folgen ihm, so haben wir den Rubikon überschritten, befinden wir uns unvermittelt auf der entgegengesetzten Seite eines gespiegelten Trichters. Denn von diesem Moment an öffnet sich der Weg gleich einem gewaltigen Grammophontrichter und des Aufwärtssteigens und Schwebens scheint kein Ende mehr zu sein. Zwar sind wir, solange wir die Terrassen des Läuterungsberges absolvieren, vorerst noch in irdischen Gefilden unterwegs, doch auf dem obersten Plateau des Berges befindet sich das irdische Paradies und von hier geht es weiter und immer weiter hinauf. Dante interpretiert und erweitert das ptolemäische geozentrische Weltbild auf eigenwillige Weise: Höllenkrater hier und Läuterungsberg auf der entgegengesetzten Seite der Erdkugel als die zentralen topographischen Elemente sowie die Erweiterung der Himmelssphären um den alles umschließenden Licht- und Flammenhimmel, der ebenso wie die Erdkugel unbeweglich ist. Hier verlässt der Wanderer endgültig jene Sphären, die noch einen irdischen Bezug haben. Die himmlische Welt ist eine des absoluten Traums und uneingeschränkter Phantasie.

Hades, Hölle, Läuterungsberg und Himmel. Landschaften, durch die sich Jenseitsreisende bewegen und von denen sie nach ihrer Rückkehr in die irdische Welt dem staunenden Publikum berichten, werden – mitsamt ihrer religiösen Ideengebäude – durch die explizite Schilderung der Topographie anschaulich und erfahrbarer (man könnte auch sagen, begehbarer) gemacht. Und in gewisser Weise konnten sie so auch als tatsächlicher Teil der Lebenswelt, als wirkliche Orte und Landschaften wahrgenommen werden. Reale Verknüpfungen zwischen diesen imaginierten Jenseitswelten und tatsächlicher irdischer Geographie haben sich offenbar aber im gleichen Zuge verflüchtigt, wie diese Darstellungen detaillierter wurden. Zumindest die Zugänge zum Hades waren in der griechischen Welt noch bekannt. Es waren konkrete Orte, an denen man mit den Seelen Verstorbener in Kontakt treten konnte. Auch das irdische Paradies des Christentums findet sich noch auf den Mappa Mundi des Mittelalters und diversen Seekarten (Columbus vermutete in der Mündung des Orinoko einen der vier Ströme, die das irdische Paradies umfließen). Die Vorstellung vom irdischen Paradies als realem Ort in der Welt wurzelte in einer detaillierten Schilderung eben dieses Ortes in der Bibel, Genesis 2, 8-15: »Und GOTT der HERR pflanzte einen Garten in Eden, gegen Morgen, und setzte den Menschen darein, den er gemacht hatte. / Und GOTT der HERR ließ auswachsen aus der Erde allerlei Bäume, lustig anzusehen, und gut zu essen, und den Baum des Lebens mitten im Garten, und den Baum des Erkenntnisses Gutes und Böses. / Und es ging aus von Eden ein Strom zu wässern den Garten, und theilete sich daselbst in vier Hauptwasser. / Das erste heißt Phison, das fließet um das ganze Land Hevila, und daselbst findet man Gold. / Und das Gold des Landes ist köstlich, und da findet man Bedellion, und den Edelstein Onyx. / Das andere Wasser heißt Gihon, das fließet um das ganze Mohrenland. / Das dritte Wasser heißt Hidekel, das fließet von Assyrien. Das vierte Wasser ist der Phrath. / Und GOTT der HERR nahm den Menschen, und setzte ihn in den Garten Eden, daß er ihn bauete und bewahrete«.

Diese konkreten Angaben, die vier Ströme, die Erwähnung angrenzender Länder wie Assyrien und das ganze

Mohrenland, der Hinweis auf Gold- und Edelsteinvorkommen, all diese Informationen führten zu der allgemeinen Auffassung, dass es sich um einen tatsächlich existierenden Ort handeln müsse. Und den sahen die mittelalterlichen religiösen Führer und Gelehrten in Asien. Entsprechend wurde er auf den damaligen Weltkarten auch dargestellt. Solange man nur schwammige geografische Kenntnisse über Asien hatte, war das kein Problem. Ab einem gewissen Zeitpunkt wurde diese Verortung allerdings immer schwieriger, weil neue Erkenntnisse hinzukamen und man den vermutlichen Ort immer weiter nach Osten verlegen musste, was sich mit den in der Bibel genannten angrenzenden Ländern nicht mehr gut vereinbaren ließ. Dieses Problem machte den damaligen Geografen zunehmend Schwierigkeiten. Der große Gelehrte Fra Mauro behandelte dieses Problem schließlich auf revolutionäre Weise: Er zeichnete das irdische Paradies auf seiner Weltkarte nicht mehr da ein, wo es die Autoritäten weiterhin verorteten, obwohl man inzwischen wusste, dass es dort – also in Asien – gar nicht sein konnte. Er ließ es aber auch nicht einfach verschwinden, was ihn in Konflikt mit der offiziellen Doktrin gebracht hätte, sondern siedelte es außerhalb der bekannten Welt – am linken unteren Kartenrand an. Ein genialer Schachzug.

Die Frage, wo sich Hölle und Paradies befinden, dürfte bewegliche Geister nicht erst seit der Renaissance beschäftigt haben. Ein reges Interesse die Geografie des Jenseits betreffend finden wir auch bei Friedrich II., dem sizilianischen Stauferkaiser, der für die *Commedia* eine nicht unbedeutende Rolle spielt: »Ferner sag Uns, wie viele Raumtiefen es gibt, und welchen Namens die Geister sind, die da weilen, wo denn die Hölle sei und das Fegefeuer und das himmlische Paradies: unter der Erde, in der Erde oder über der Erde?« (aus einem Brief des Kaisers an den Philosophen Michael Scotus, E. Horst, »Friedrich II. Der Staufer«)

Das Geheime und das Verhüllte, wie stellen wir es uns vor? Als nebulöse Einöde oder erblühende Landschaft? Als ein Spiegelbild unserer Welt oder als etwas Ungesehenes, Phantastisches? In den Schilderungen der Jenseitswanderer mischen sich die Zitate realer Landschaften mit fiktiven Traumgebilden. Gab es im Altertum noch Berge, die als Göttersitze galten, in der Antike noch konkrete Orte, denen die Eingänge zur Unterwelt zugeordnet wurden, so haben sich die Jenseitswelten immer weiter von den Lebensräumen entfernt und sind schließlich in unerreichbare Ferne gerückt. Paradies wie Hölle, Unter- und Anderswelten rückten mit genauerer Kenntnis der geografischen Beschaffenheit der Welt immer weiter weg. Zuerst in noch unbekannte irdische Randgebiete, später sogar in extraterrestrische Gefilde. Im Umkehrschluss lässt sich annehmen, dass jene imaginären Welten ursprünglich konkrete Orte waren, durchaus unfern der Wirkungsstätten der Lebenden angesiedelt. Wurden vor einigen Jahrtausenden Verstorbene diverser Kulturen bei sogenannten Hausbestattungen noch unter den Fußböden der Hütten, Häuser und Paläste ihrer Angehörigen begraben (und ist zum Beispiel im Gilgamesch-Epos noch von einer einfachen Erdgrube an beliebigem Ort die Rede, durch die man in die Unterwelt gelangen kann), so verlegte man Totenstädte und Friedhöfe nach und nach immer weiter aus Städten und Siedlungen an Ortsränder oder siedelte sie sogar weit außerhalb von ihnen an. Jene Orte aber, an denen wir uns nach unserem Ableben einfinden, entfernten sich gleichzeitig mit diesem Prozess immer weiter von den Lebenden und wurden im Laufe der Zeit im absoluten Sinne zu Landschaften jenseits der Wirklichkeit.

Dantes Hölle aus der Sicht einer Archäologin

Von Colleen Nichols

Es ist nicht zu leugnen: Die *Göttliche Komödie* ist eine herausfordernde Lektüre. In Auszügen hatte ich sie bereits im Laufe meines Studiums gelesen, aber niemals einen Teil vollständig, geschweige denn alle zusammen. Zudem weisen mein Wissen und mein Verständnis, was die vielschichtige mittelalterliche Politik in Europa und die Feinheiten christlicher Symbolik betrifft, deutliche Lücken auf. Mein Interesse reicht in fernere Zeiten zurück, zu den Monumenten und Hinterlassenschaften der verschiedenen Völker, die lange vor der Zeit der Römer oder der Geburt Christi die Britischen Inseln bewohnten.

Vielleicht liegt es ja daran, dass ich mich in Dantes Welt ein wenig verloren gefühlt habe. Ja, die Hölle fesselte mich und schien mir merkwürdig vertraut trotz des Gebirges ihrer Bilder und Gestalten, die mir hin und wieder nur vage bekannt waren. Warum? Dantes Hölle ist kein angenehmer Ort. Nach einigen Reflexionen fand ich einen unerwarteten Grund dafür. Es war die Tatsache, dass das Inferno ein riesiges vielschichtiges Loch ist, die mich am meisten faszinierte. Aus der Sicht der Archäologie kann man Dantes Hölle beinahe als archäologisches Forschungsfeld sehen, als eine gigantische Ausgrabungsstätte voller stratigrafischer Schichten und Artefakte.

Zugegebenermaßen ist das keine perfekte Analogie. Wie jeder anständige Archäologe bestätigen wird, beschäftigt sich die Archäologie nicht damit, Löcher zu graben. Löcher sind unordentlich und unstrukturiert, sind nicht richtig vermessen, haben keine geraden Seitenwände und sind auch nicht gut geplant. Löcher gestatten keine genaue Aufzeichnung und Beurteilung stratigrafischer Schichten. Löcher sind zum Plündern und Ausrauben von Gräbern da, sie weisen keinen Respekt für die Geschichte und historische Aufzeichnung auf; Löcher sind schrecklich.

Grabungsstätten jedoch sind ordentliche Stätten wissenschaftlicher Vermessung und Evaluierung, die nur für den untrainierten Betrachter wie Löcher aussehen.

Die Hölle dagegen ist fürwahr ein Loch, entstanden durch Luzifers Aufprall auf die Erde, als Gott ihn aus dem Himmel verstieß. Allerdings ist sie kein Loch in dem Sinne, wie es Archäologen verstehen. Sie ist eher etwas von Menschen Gemachtes oder besser gesagt, von Gott Gemachtes, das die Landschaft markiert und für ein Wirken zeugt, das sich jenseits der Ordnung der Natur abspielt. Auch wenn die Analogie unvollkommen ist: Dantes Höllenreise hat eine starke Ähnlichkeit mit einer archäologischen Grabung. Archäologie zu betreiben bedeutet, die Erdoberfläche aufzugraben, um die im Boden verborgenen Geheimnisse zu entdecken, aus diesen über die Vergangenheit zu lernen und letztere zu erklären. Wie Mark Musa schreibt, muss der Pilger Dante in die Hölle fahren, um das Wesen der Sünde zu verstehen, ihr zu entsagen, und Buße tun, um ins Paradies aufzufahren (Musa, S. 75, 91). In diesem Sinne sind beide Unterfangen eine Suche nach Wissen und Verständnis.

In der Hölle angekommen, trifft Dante auf ein Reich immer tieferer Schichten voller Sünder, die an ihrer ewigen Strafe leiden. Durch diese Schichten steigt er hinab bis zum Kern der Hölle, wo Luzifer, der Vater aller Sünde, gefangen ist. Auch wenn man bei einer Ausgrabung normalerweise keinen Verdammten begegnet, die ihre Leidensgeschichten erzählen, kann man nicht die Präsenz immer tiefer reichender Schichten in der Grube leugnen. Diese Schichten bergen materielle Zeugnisse derjenigen, die den Ort zu einer bestimmten Zeit in der Vergangenheit bewohnten. Archäologen verwenden das stratigrafische Prinzip, um die Schichten zu organisieren und zu interpretieren. Wie die Britannica definiert, beruht die Stratigrafie in der Archäologie auf dem »Gesetz der Superposition – dem Prinzip, dass sich in einer ungestörten Ablagerung die ältesten Schichten in der Regel am tiefsten befinden. Dementsprechend wird angenommen, dass sich die Überreste nachfolgender Generationen auf den Ablagerungen der letzten befinden.« (https://www.britannica.com/science/stratigraphy-archaeology: Übersetzung CN).

Anders ausgedrückt, Siedlungsspuren, die an tieferen Stellen der Grube gefunden wurden, sind älter, da neue Siedlungen auf den alten errichtet werden. Dabei wird natürlich vorausgesetzt, dass innerhalb und zwischen den Schichten weder von Tieren noch von Menschen gegraben wurde. Wendet man diese Definition auf Dantes Hölle an, sieht man, dass die Hölle ebenfalls dem Gesetz der Superposition folgt. Jedoch ist es hierbei die Sünde, die mit der Tiefe korreliert. Einfach ausgedrückt: Je tiefer man kommt, desto schwerwiegender werden die Sünden, mit Luzifer als dem schlimmsten Sünder von allen am Ende der Hölle. Archäologen nennen diesen Punkt »Grundgestein«, da man hier keine Siedlungsspuren mehr findet.

Giovanni Scaratazzini zufolge ist interessanterweise Dante der Architekt des mehrschichtigen Konzepts der Hölle. Die Vorstellungen der Gelehrten jener Zeit folgten laut Scaratazzini einer anderen topografischen Auffassung von Hölle, Purgatorium und Himmel, aber Dante wich von diesem Verständnis ab, um seine eigene Version der Hölle mit neun verschiedenen Stufen bzw. Kreisen zu konzipieren (Scaratazzini, S. 290). Des Weiteren ordnete und strukturierte Dante seine Hölle nach seiner eigenen Klassifikation der Sünde (Scaratazzini, S. 292). Mit der Konstruktion der verschiedenen Schichten der Hölle umging Dante elegant die

Komplikationen, mit denen es Archäologen zu tun haben, wenn sie stratigrafische Prinzipien im Feld anwenden: Man muss wissen, wie man die verschiedenen Siedlungshorizonte unterscheidet, und Archäologen haben selten den Luxus einer ungestörten Stätte.

Auf der Reise durch die Hölle mit Dante begegnet uns ein befremdliches Aufgebot historischer und mythologischer Figuren. Jede Stufe, jeder Kreis der Hölle ist gespickt mit einer Ansammlung von Gestalten unterschiedlicher Zeiten und Orte. Dantes Zeitgenossen werden bedrängt von Figuren der griechischen und römischen Mythologie. Dante selbst wird von dem römischen Dichter Vergil durch die Hölle geleitet, der noch vor Christi Geburt verstarb. Zeitgenossen von Dante finden sich im gleichen Kontext wie solche, die weit in der Vergangenheit gestorben waren, und alle Sünder werden von Monstern und mythologischen Kreaturen gepeinigt, deren Aufgabe es ist, die Strafen auszuteilen.

Das Gleiche kann von der Archäologie behauptet werden, da, wie bereits erwähnt, die Ausgräber es selten mit einer Stätte zu tun haben, die nicht in irgendeiner Weise gestört wurde. Somit passiert es häufig, dass Artefakte verschiedener Zeitalter zusammen in ein und derselben Schicht gefunden werden. Eine neolithische Axt kann in derselben Schicht gefunden werden wie eine römische Münze, oder die linke Hand eines vollständig erhaltenen Skeletts wird an einer tieferen Stelle als die Gebeine gefunden, weil der Bau eines Tieres eingestürzt ist. Welche Situation auch immer auftritt, es ist Aufgabe der Archäologen, den Grund zu enträtseln und zu erklären, warum diese Artefakte zusammen gefunden wurden. Und wie in einem Bilderrätsel erhalten wir ein klareres Bild als zuvor, sobald sich die Puzzlestücke zusammenfügen. Um die Analogie von der Grube noch einmal aufzugreifen: Die Gestalten, die Dante in die Hölle gesperrt hat, können als Artefakte betrachtet werden, und wie Archäologen müssen die Leser herausfinden, warum sie zusammen in der gleichen Schicht zu finden sind und wie sie zusammenhängen. Schlussendlich geht es darum herauszufinden, welche Geschichte sie erzählen möchten, sodass wir besser verstehen, was Dante uns mitteilen wollte.

Literaturhinweise

Dale, Peter: Dante – *The Divine Comedy: Hell, Purgatory, Heaven: A Terza Rima Version*. London: Anvil Press Poetry Limited 1996.

Musa, Mark: *Dante – The Divine Comedy Vol. 1: Inferno*. New York: Penguin Books USA Inc. 1984.

Scartazinni, Giovanni: *A Handbook to Dante*. (Übers. u. hrsg. von T. Davidson). Boston: Ginn and Company Publishers 1893.

Toynbee, Paget: *Dante Alighieri: His Life and Works*. New York: The Macmillan Company 1910.

Dante – Gedanken zu einem poetischen und historischen Phänomen

Von Constance Timm

»Dies ist kein Märchen. Und es ist auch kein Traum. Sondern eine Lebenswende.«[1]

Viel ist in 700 Jahren geschrieben worden über Dante Alighieri (1265-1321), den florentinischen Dichter und Gelehrten, der dem Minnesang in der poetischen Prosa und in den Versen der *Vita Nuova* (Das Neue Leben) huldigt, die Philosophie im Werk *Convivio* (Gastmahl) zu Wort kommen lässt und seine nach dem Vorbild des Aristoteles entworfene Politiktheorie in der *Monarchia* beschreibt. Berühmt und auf seine Weise berüchtigt wurde er indes durch sein Hauptwerk, die *Commedia* (Komödie), heute zumeist unter dem Titel *Divina Commedia* (Die *Göttliche Komödie*) bekannt, wobei das »Divina« auf eine Anmerkung des Schriftstellers Giovanni Boccaccio (1313-1375) zurückgeht; eine ganz ureigene und zugleich seltsam zeitlose Reise in eine Anderswelt, die wir fürchten und deren wahre Gestalt sich unserer Erkenntnis entzieht. In seiner Dichtung durchmisst Dante das gesamte physische und geistig-seelische Universum des Mittelalters und hat es in einem gewissen Sinne innovativ neu erschaffen. »Niemand verlieh der Verbindung des Schöpfungssystems auf dieser Welt mit demjenigen im Jenseits einen vollkommeneren Ausdruck als Dante. Aus der Hölle steigt man in die intermediäre, zeitlich begrenzte Welt auf. Dort erhebt sich der Purgatoriumsberg zum Himmel, gekrönt vom irdischen Paradies, das nicht mehr in einem verlorenen Winkel des Universums, sondern auf seiner ideologischen Ebene, der Ebene der Unschuld zwischen der höchsten Läuterung im Purgatorio und dem Beginn der Glorifizierung im Himmel liegt.«[2]

Wer einmal mit den Zeilen dieses 100 Gesänge umfassenden Poems in Berührung kam, so wage ich zu behaupten, kann sich dem Sog aus Worten, sprachlichen Bildern, Mythologie, Theologie, Philosophie, Mystik, Geschichte, Psychologie und Imagination nur schwer entziehen. Ich entdeckte Dante während meines Studiums eher zufällig, und die »*Commedia*« war einer der Gründe, mich intensiver mit der Mediävistik zu befassen. Auch dieser Tage hat mich die Faszination des Mittelalters wieder fest gepackt und auf eine Reise nach Köln gehen lassen, die mich u. a. in den zum Weltkulturerbe gehörenden Dom (Patrozinium des Apostels Petrus) führte. Fast in der Dante-Zeit, 1248, erfolgte die Grundsteinlegung für das gotische Bauwerk durch den Erzbischof Konrad von Hochstaden. Eine Entscheidung aus vornehmlich monetären und prestigeträchtigen Gründen, wie die Domführerin bemerkt. Denn ein Jahrhundert zuvor, 1164, waren die Reliquien der Heiligen drei Könige von Mailand nach Köln gelangt, wo sie noch heute im Dreikönigenschrein ruhen und weiterhin Pilger und interessierte Besucher anziehen.

Man fühlt sich im Kölner Dom ein wenig klein bei der Wanderung durch Chorumgang und Seitenschiffe, entlang von Heiligenfiguren und biblischen Szenen, ausladenden Säulen, opulenten Buntglasfenstern und Holzschnitzereien, und doch wirkt es fast, als sei man beim Gehen Teil von etwas Erhabenem, etwas Größerem, etwas, das Alt und Neu, Oben und Unten, Vergangenheit und Gegenwart in sich vereint. Es mag an der langen Bauzeit liegen (der Dom wurde erst 1880 vollendet), aber auch an dem, was unterschwellig beim Betrachten mitschwingt: Zeit und Raum scheinen beim Laufen und Staunen und Schauen, wenn auch nur für einige Augenblicke, keine Bedeutung zu besitzen. So ähnlich, wenn auch auf andere Weise, geht es mir beim Lesen von Dantes *Commedia*, in der man sich auch fast ununterbrochen fortbewegt (als Leser) bzw. in der sich beständig fortbewegt wird; da sind die Reisenden (Dantes lyrisches Ich und seine jeweiligen Begleiter), die Sünder, die Geläuterten, die Himmelssphären, die Worte. Nie scheint etwas im Stillstand zu verharren, auch nicht bei den mannigfaltigen Gesprächen, die geführt werden. Es wird zur Eile getrieben (zumeist ausgehend vom Begleiter Vergil in *Inferno* und *Purgatorio*), es kann Entschleunigung wirken wie im 4. Gesang des *Purgatorio*, in dem Dantes verstorbener Freund Belaqua (Duccio di Bonavia) die Lässigkeit und den Müßiggang verkörpert, während im Paradiso Lichtgestalten den irdischen und damit höchst lebendigen Besucher Dante umringen oder umtanzen. Alles, wenn man so will, bleibt im Jenseits auf sehr diesseitige Weise beweglich.

Nun war Dante nie in Köln, zumindest ist darüber aus seiner Zeit im Exil ab 1302 nichts belegt, wiewohl man ihm einen Aufenthalt in Paris nachsagt.[3] Der Kunsthistoriker Cornelius Gurlitt, der im 19. und 20. Jahrhundert u. a. zu den Bau- und Kunstdenkmalen des Königreichs Sachsen forschte, will Dante sogar eben dort verortet wissen und verweist dabei auf die Verbindung der wettinischen Fürsten zu den Ghibellinen, den Anhängern des Kaisers, in Italien um die Wende des 14. Jahrhunderts. So war Markgraf Dietrich III. von Wettin (1260-1307), genannt Diezmann, ein Sohn der Margaretha von Staufen, Tochter Kaiser Friedrichs II. (1194-1250). Auf einer Statue zu Ehren Diezmans in der Dominikaner- und späteren Universitätskirche St. Pauli zu Leipzig soll eine aus dem 17. Jahrhundert stammende Messingtafel mit einer Inschrift Dantes angebracht gewesen sein. Zudem erwähnt der Historiker und Chronist Georg Fabricius in seinem Werk »Originum illustrissime stirpis Saxonicae libri septem« aus dem Jahr 1597 einen Besuch Dantes in Leipzig.[4] Da die genauen Umstände dieses Besuchs nicht aufgeführt werden und die Messingtafel verloren ist, schwebt damit gewissermaßen ein Hauch vom Mythos Dante über der Messestadt.

Eine reale Anwesenheit des Dichters in Leipzig darf zwar ernsthaft bezweifelt werden, andererseits ist über Dantes Leben, mehr noch über den Zeitraum vom Beginn seines Exils bis zu seinem Tod in Ravenna 1321, relativ wenig bekannt. Viel Raum für Spekulationen, die sich dabei auftun. So begegnet uns in der »*Commedia*« auch immer wieder die Ambivalenz zwischen dem reisenden Dichter Dante und dem historischen Dante. Was zwangsläufig zu der Frage führt: Wer war die reale Person hinter den Versen? Ein Gelehrter? Ein Träumer? Ein Poet? Ein aufstrebender Politiker in seiner Heimatstadt Florenz? Ein zweifelnder Gläubiger? Ein Liebender? Ein gezwungen Rastloser? Ein rachsüchtiger Zyniker, der in seiner *Commedia* Gottes Stellvertreter mimt, indem er die Auswahl derer bestimmt, die in *Inferno*, *Purgatorio* und *Paradiso* gefoltert werden, Buße tun oder den Glanz des himmlischen Lichts erblicken dürfen? Ein Schauender, der hinter das dringen wollte, von dem es sehr viel später bei Johann Wolfgang Goethe im Faust I heißt: »Dass ich erkenne, was die Welt/im Innersten zusammenhält«?

Die Herausforderungen beginnen bereits beim Namen: Dante da Alighiero de Bellincione d'Alighiero, Dantes Alagherius, Durante Alaghieri/Aldighieri. Kurt Leonhard zufolge finden sich in den Codices achtzehn verschiedene Namensvarianten. »Die Schreibweise Alighieri wurde erst durch Boccaccio eingeführt«.[5] Die zeitgenössischen Überlieferungen sind, wie bereits erwähnt, äußerst lückenhaft, so dass eine Rekonstruktion von Dantes Biografie häufig über seine literarischen Zeugnisse erfolgen muss. Dies betrifft unter anderem Geburtstag und Geburtsjahr, wobei sich das Jahr etwas eindeutiger bestimmen lässt.

Der Beginn der *Commedia* liefert folgenden Anhaltspunkt:»Als unseres Lebens Mitte ich erklommen, befand ich mich in einem dunklen Wald, da ich vom rechten Wege abgekommen« (Übersetzung Hertz). Für die als normal angenommene Lebensspanne galt zu Dantes Zeit das biblische Alter von 70 Jahren. Demnach war der Dichter zu Beginn seiner imaginären Reise 35 Jahre alt. Ferner wird im 21. Gesang des Inferno der Hinweis gegeben, dass zur Todesstunde von Christus die Erde gebebt habe und dieses Ereignis nunmehr 1266 Jahre zurückliege. Da Christus zum Zeitpunkt seines Todes 34 Jahre gezählt haben soll, liegt der Beginn der Dante-Reise am Karfreitag des Jahres 1300 (1266 + 34). Rechnet man davon die Lebensmitte ab, ist Dantes Geburtsjahr 1265. Im 23. Inferno-Gesang äußert sich Dante zudem zu seinem Geburtsort wie folgt:»Geboren und aufgewachsen bin ich in der großen Stadt am schönen Arnofluß, und ich bin hier mit dem Körper, den ich immer hatte« (Übersetzung Flasch). Damit ist zweifellos Florenz gemeint. Im 22. Gesang des *Paradiso* gibt Dante schließlich den Hinweis, dass er dem Sternbild des Stiers nachgeboren wurde. Demnach muss sein Geburtstag im Sternzeichen Zwillinge zwischen dem 18. Mai und dem 17. Juni angenommen werden. Die Hinweise auf den historischen Dante liegen faktisch wie Puzzleteile in seinen Versen verstreut, und oft scheint nichts wirklich eindeutig in der Uneindeutigkeit, zumindest nicht beim ersten Lesen.

Die *Commedia* ist definitiv kein Werk, beim dem sich nach der ersten Lektüre sämtliche Fragen in Wohlgefälligkeiten auflösen. Stattdessen scheinen Fragen und Zweifel von Gesang zu Gesang und Jenseitsreich zu Jenseitsreich weiter zuzunehmen, und das nicht nur für den Dichter, sondern auch für den Rezipienten. Vor allem die historischen Personen, denen Dante begegnet, erfordern die begleitende

Lektüre eines historischen Lexikons. Waren für Dante und seine Zeitgenossen Namen, Rang und so manche eingeschriebene Anspielung schlüssig, muss der heutige Leser recherchieren oder auf die Kommentare der Übersetzer vertrauen. Hierbei sei die dreibändige Arbeit von Hartmut Köhler erwähnt, der nicht nur eine sehr poetische Prosaübersetzung des italienischen Originals vorgelegt, sondern die Gesänge auch relativ umfassend kommentiert hat.

Doch wie muss man sie sich nun vorstellen, die historische Zeit, in der Dante, der aus kleinadligen Verhältnissen stammte, hineingeboren wurde? Spontan fiel mir darauf seltsamerweise der Beginn von Charles Dickens' *Eine Geschichte aus zwei Städten* ein:

> Es war die beste und die schlimmste Zeit, ein Jahrhundert der Weisheit und des Unsinns, eine Epoche des Glaubens und des Unglaubens, eine Periode des Lichts und der Finsternis: es war der Frühling der Hoffnung und der Winter der Verzweiflung; wir hatten alles, wir hatten nichts vor uns; wir steuerten alle unmittelbar dem Himmel zu und auch alle unmittelbar in die entgegengesetzte Richtung – mit einem Wort, diese Zeit war der unsrigen so ähnlich, daß ihre geräuschvollsten Vertreter im guten wie im bösen nur den Superlativ auf sie angewendet wissen wollten.

Wir wissen aus den historischen Zeugnissen, dass Dante bereits im Alter von 12 Jahren mit der aus wohlhabenden Verhältnissen stammenden Gemma Di Manetto Donati verheiratet worden ist. Drei Söhne sind aus der Verbindung bekannt, ebenso eine Tochter, die als Schwester Beatrice den Schleier nahm. Dante widmete sich darüber hinaus dem Studium (u. a. der Schriften von Boethius, Thomas von Aquin, Albertus Magnus, Aristoteles, Cicero, Vergil) und nahm 1289 an der Schlacht von Campaldino gegen die ghibellinischen Aretiner (Arezzo) sowie an der Belagerung der pisanischen Festung Caprona teil. Beide Ereignisse werden im Inferno erwähnt (Gesänge 21 und 22). Italien war zu dieser Zeit ein politischer Flickenteppich von untereinander konkurrierenden Städten, Familien und politischen Fraktionen. Letzterer Konflikt drückte sich vor allem in den Auseinandersetzungen zwischen den Ghibellinen (Kaisertreuen) und Guelfen (Papsttreuen) aus, wobei die Grenzen in realis bei weitem nicht immer eindeutig abgesteckt waren. So konnten auch die Guelfen kaiserliche Interessen unterstützen, wenn es ihnen nützte. In Florenz spaltete sich die Guelfen-Partei um 1300 zudem auf in »die Weißen« (kaiserfreundlich und auf Kompromisse ausgerichtet) und »die Schwarzen« (rigoros antikaiserliche Politik). 1295 trat Dante der Zunft der Ärzte und Apotheker bei, 1300 gehörte er dem Rat der Prioren an. 1301 reiste Dante, der zu dieser Zeit die weißen Guelfen unterstützte, mit einer Gesandtschaft nach Rom zu Papst Bonifatius VIII. Es ging u. a. um die Abwehr eines von Bankherren initiierten Versuches, Florenz an den Papst zu verkaufen.[6] Während der Verhandlungen kam es in der Stadt zu einer Machtübernahme der schwarzen Guelfen. Verbannungen und Todesurteile wurden ausgesprochen. Auch Dante war davon betroffen. Im Jahr 1302 wurde er, immer noch von Florenz abwesend, zum Tod auf dem Scheiterhaufen verurteilt. Es war der Bruch, der sein Leben in zwei Hälften teilte und ihn fortan zu einer Existenz zwang, die von stetiger Unsicherheit und der Abhängigkeit vom Wohlwollen anderer bestimmt war.

Unter diesen Eindrücken und Entbehrungen entsteht die *Commedia*, sie ist Dantes Exil-Werk, das er erst kurz vor seinem Tod beendet. Der dunkle Wald, in den sich der Dichter in den ersten Zeilen des Werkes versetzt sieht, ohne dass erklärt wäre, woher er ursprünglich kommt oder was genau sein Ziel ist, steht als symbolische Grenze für die beiden Leben des Dante: ein Leben vor und nach der Verbannung, aber auch ein irdisches und ein poetisches Leben und manchmal, wenn man an seiner Seite durch die Verse streift, ist nicht einmal sicher, ob es die poetische oder die irdische Seele ist, die nach Hoffnung, Überwindung oder Erlösung sucht. Dante wagt den Schritt ins Imaginäre und trachtet dabei danach, sich einzureihen in die Schar der großen Dichter wie Homer, Vergil, Horaz oder Ovid. Eine Hybris, der er sich im Purgatorio denn auch selber schuldig bekennt.

Kühn wirkt Dantes Ansinnen, doch mit der Kühnheit schleicht immer wieder der Zweifel einher und man kann in der *Commedia* durchaus auch eine verbitterte Abrechnung mit seinen politischen Widersachern lesen. Aber die Schrift allein darauf zu reduzieren, wäre bei weitem zu kurz gegriffen. Denn Dante hat seinem Hauptwerk nicht allein auf enzyklopädische Weise das im Spätmittelalter bekannte respektive das allmählich neu entdeckt werdende antike Wissen sowie die Philosophie und die Historie seiner Zeit eingeschrieben, sondern auch das Jenseits neu imaginiert; eine Imagination mit Vorbildwirkung, und das nicht nur für Literatur und Kunst. Durchdrungen wird die Wanderung, welche das Dichter-Ich nicht allein bestreitet (in der Abfolge der Reise sind ihm der römische Dichter Vergil, die allegorisierte Beatrice und der heilige Bernhard von Clairvaux zur Seite gestellt) von zwei grundlegenden Antrieben: Liebe und Erkenntnis sind es, die ihn leiten im Erschauen und Begreifen von Erfahrenem.

Vor allem das Fegefeuer, das in seiner Feuermetapher zwar antike Wurzeln kennt, aber allein eine hochmittelalterliche theologische und philosophische Erfindung ist, verdankt Dante einen großen Teil seiner Berechtigung als gleichwertiger Jenseitsort zwischen Hölle und Himmel.

Das *Purgatorio* der *Commedia* ist der erhabene Schluss der langen Entstehungsgeschichte des Fegefeuers. Es ist darüber hinaus unter den möglichen und teils auch miteinander konkurrierenden Bildern vom Fegefeuer, die die Kirche dem Geschmack und der Phantasie der Christen zur Auswahl überließ, während sie gleichzeitig am Grunddogma festhielt, die edelste aller Darstellungen, die ein menschlicher Kopf erdachte.[7] Angelegt ist dieses denn auch nicht als unterirdischer Bereich, sondern als Berg. Im unteren Bereich müssen die Seelen auf den Einlass warten, was jeweils abhängig davon ist, wann der Zeitpunkt war, als sie bereuten und somit ihre Sündhaftigkeit akzeptierten und sich diese bewusst machten. Auf sieben Terrassen erfolgt die Reinigung von Hochmut, Neid, Zorn, Trägheit, Geiz, Maßlosigkeit und Wollust. Als Lebender erhält Dantes lyrisches Ich denn auch sieben P (peccatum = Sünde) vom Wächterengel am Eingang des Berges auf die Stirn gezeichnet. Die Male verschwinden mit dem Aufstieg. Und immer, wenn eine verstorbene Seele sich vollständig gereinigt hat, bebt der Berg so heftig, dass es scheint, als wollte er einstürzen. Auch Dante muss sich im 27. Gesang des Purgatorio dem Feuer stellen: »Und ich [...] wurde totenbleich wie einer, der lebend begraben werden soll. Mit verschränkten Händen vor dem Leib beugte ich mich vor, starrte ins Feuer und stellte mir die Menschenleiber vor, die ich schon hatte brennen sehen.« Erst durch den Zuspruch seines Begleiters Vergil und bestärkt durch die Aussicht, seine nun vom himmlischen Glanz umstrahlte (Jugend-)Liebe Beatrice wiederzusehen, wagt er sich hinein. »Sobald ich drinnen war, hätte ich mich in flüssig-kochendes Glas geworfen, mich abzukühlen, so ohne Maß war hier die Hitze.« (Übersetzung Flasch) Die Reinigung gelingt trotz des noch immer fleischlichen Körpers, und Dante gelangt in das irdische Paradies. Eine Stelle, die Angst und Trost zugleich wachruft. Vor allem in Bezug auf die Ungewissheit nach dem irdischen Tod.

Dante hat in der *Commedia* nicht nur seine Vision des Jenseits mit all seinen Qualen, Schrecken, Hindernissen und Glücksmomenten beschrieben, sondern damit auch ein literarisches Experiment gewagt. So verfasste er sein Werk im »volgare« (d. h. in der damaligen italienischen Volkssprache) und nicht in Latein, der etablierten Kommentarsprache, oder in Provenzalisch, der Sprache der Dichtung; damit haftet dem Poem etwas Innovatives und zugleich Trotziges an. »Rebellisch« kam mir zudem als Ausdruck in den Sinn, doch bedenkt man die Ängste und Zweifel und Ohnmachten, die das Dichter-Ich während der Reise empfindet, wäre diese Bezeichnung doch ein wenig zu dramatisch.

Was man aus der historischen Rückschau dennoch konstatieren kann: Dantes (erfolgreiches) Experiment ist nicht nur ein Kind seiner Zeit, es durchschaut auch eben diese Zeit. Nicht nur hat der Dichter sein Exil in mehreren Vorhersagen eingearbeitet und somit rückwirkend vorausgedeutet (u. a. im 17. Paradiesgesang mit seinem Ahnherrn Cacciaguida), er geht auch in mehreren Gesängen hart und bitter mit Florenz und dem Papsttum sowie der Machtpolitik der italienischen Städte und Familien ins Gericht. Dantes Zeit ist eine Zeit der sich allmählich in Wellen auftürmenden Krisen, die vor allem im 14. Jahrhundert von der sogenannten »kleinen Eiszeit«, der Pest, dem Großen Schisma der Kirche sowie von Kriegen (u. a. der Hundertjährige Krieg zwischen Frankreich und England) geprägt ist.

Nach dem Tod Kaiser Friedrichs II. im Jahr 1250 hat das Interregnum das Reich und die zum Reich gehörenden Teile Italiens politisch und gesellschaftlich destabilisiert. Mit Bonifatius VIII. (Benedetto Caetani, 1235-1303) verschärften sich zudem die päpstlichen Machtansprüche. Den Höhepunkt bildete die Bulle »Unam sanctam« (1302/1303), durch welche der Pontifex nunmehr einen universellen, weltlichen wie auch geistlichen Herrschaftsanspruch erhob und dabei u. a. für sich in Anspruch nahm, die Verfehlungen weltlicher Herrscher zu korrigieren. Seiner Meinung nach stand er über allen Regenten und war nur noch gegenüber Gott zur Rechenschaft verpflichtet. Vorausgegangen war diesem Anspruch der zähe Streit mit dem französischen König Philipp IV. dem Schönen (1268-1314), der sich an der Besteuerung des Klerus entzündete und Bonifatius (dem der Mediävist Tilmann Schmidt weder eine religiöse Natur noch theologische Tiefe attestierte) besonders herausforderte. »Durch seine an Menschenverachtung grenzende Schroffheit und Herrschsucht, durch Habgier und anstößige Begünstigung seiner Familie schuf Bonifatius sich Feinde.«[8] Obwohl Bonifatius VIII. nur indirekt in der *Commedia* auftritt, ist sein Schatten doch immer dann präsent, wenn Dante seine kirchenkritischen Anmerkungen formuliert. Ähnlich, wenn auch nicht ganz so häufig, ergeht es Philipp dem Schönen. Der 20. Gesang des *Purgatorio*, wo Dante zudem Hugo Capet, den Stammvater der französischen Kapetingerdynastie, sich selbst als Fleischer von Paris beschreiben lässt, hat laut Franziska Meier dazu beitragen, dass sich Rezeption, Übersetzung und Verbreitung der *Commedia* in Frankreich lange Zeit arg in Grenzen hielten.[9]

Viele weiterer Beispiele ließen sich für das historische Urteil heranziehen, welches Dante seiner Zeit ausstellt. Und es ist kein sehr freudvolles Urteil, auch wenn immer wieder – vor allem im Rückblick auf die Vergangenheit – so etwas wie Wehmut an die gute alte Zeit aufblitzt. Dante als Nostalgiker? Ich würde behaupten, er ist eher ein Suchender. Am schönsten drückt er dies im 26. Gesang des Inferno aus, auch bekannt als Odysseus-Gesang. Der legendäre,

vom griechischen Dichter Homer beschriebene König von
Ithaka ist eine der wenigen mythischen Figuren der *Commedia*, und wie kein anderer erzählt dieser – dessen Nach-
klang auch in Purgatorio und Paradiso widerhallt, der in
Gestalt nahezu unkenntlich von Flammen umgeben ist und
mit dem bekannten Odysseus nicht viel mehr gemeinsam
hat als die Umrisse der eben bekannten Geschichte – von
Drängen und Unrast, von Sehnsucht und Scheitern, Erinnerung und Reue. Und vielleicht ist Dante an dieser Stelle
im Mythischen dem Menschlichen am nächsten.

Nachdem ich mich getrennt hatte von Kirke, die länger als ein Jahr mich an sich zog dort bei Gaeta, bevor Aeneas der Stadt diesen Namen gab, da konnten
weder die Süßigkeit meines kleinen Sohns noch die
Pietät für den alten Vater, noch die Liebe, die ich, sie
heiter zu machen, Penelope schuldete, die Glut besie-
gen, die in mir war, die Welt zu erfahren, Menschen-
wert und Menschenunwert. Sondern ich segelte hinaus aufs hohe offene Meer mit einem einzigen Boot
und mit der kleinen Schar, die mich nie im Stich ließ.
[…] Ich und die Gefährten, wir waren alt geworden
und zögernd, als wir zu dem engen Durchlaß kamen,
wo Herkules seine Warnung gesetzt hat, daß der
Mensch nicht weitergehe. […] ›O Brüder‹, sagte ich,
›nun seid ihr durch hunderttausend Gefahren zum
Westen gelangt, verweigert doch nicht der, ach, so
kurzen Nachtwache unserer Sinne, die uns noch
bleibt, die Erfahrung der Rückseite der Sonne, der
Welt ohne Menschen. Schaut auf euern Ursprung:
Ihr seid nicht geschaffen, zu leben wie die Tiere, sondern für richtige Tat und Erkenntnis.‹ Mit dieser
kleinen Rede machte ich meine Gefährten so begie-
rig auf die Fahrt, daß ich sie hätte kaum noch zu-

rückhalten können. […] Schon sah ich des Nachts alle Sterne des anderen Pols, und unserer lag so tief, daß er sich über die Meeresfläche nicht mehr erhob. Das Mondlicht war fünfmal neu aufgegangen und erloschen, seit wir die hohe Fahrt begonnen, da erblickten wir einen Berg, in der Entfernung dunkel und so hoch, wie ich noch keinen gesehen hatte. Wir freuten uns, doch bald kam der Jammer, denn von dem neuen Land her brach ein Wirbelsturm los und traf vom Schiff den Bug. Dreimal wirbelte er es herum mit dem Strudel. Beim vierten Mal hob er das Heck und versenkte den Bug, wie Einer es wollte. Bis das Meer sich über uns schloß.

(Übersetzung Flasch)

[1] Leonhard, Dante, S. 10.
[2] Le Goff, Die Geburt des Fegefeuers, S. 409.
[3] Vgl. Stierle, Dante Alighieri, Pos. 531.
[4] Vgl. Timm, Geschichte im Wandel, S. 116.
[5] Vgl. Leonhard, Dante, S. 10, Anm. 2, S. 148 u. S. 160.
[6] Vgl. Bezzola, Dante Alighieri, Sp. 545.
[7] Le Goff, Die Geburt des Fegefeuers, S. 407.
[8] Schmidt, Bonifatius VIII, In: Lexikon des Mittelalters, Sp. 416.
[9] Meier, Dantes Göttliche Komödie. S. 128 ff.

Charles Dickens. *Eine Geschichte aus zwei Städten.* Insel Verlag: Berlin 2011.

Constance Timm. *Geschichte im Wandel. Das Dominikanerkloster und die Universitätskirche St. Pauli zu Leipzig.* edition vulcanus: Leipzig 2015.

Dante Alighieri. *Commedia.* In deutscher Prosa von Kurt Flasch. 3. Aufl. S. Fischer: Frankfurt 2020.

Dante Alighieri. *La Commedia/Die Göttliche Komödie.* Drei Bände Italienisch/Deutsch, herausgegeben und mit ausführlichem Kommentar von Hartmut Köhler. Reclam: Stuttgart 2021.

Dante Alighieri. Die *Göttliche Komödie.* Übersetzung Wilhelm Hertz. 12. Aufl. dtv: München 2001.

Franziska Meier. *Dantes ›Göttliche Komödie‹.* Biografie eines Jahrhundertbuchs. C. H. Beck: München 2021.

Jaques Le Goff. *Die Geburt des Fegefeuers. Vom Wandel des Weltbildes im Mittelalter.* dtv: München 1990.

Karlheinz Stierle. *Dante Alighieri. Dichter im Exil, Dichter der Welt.* E-Book. C. H. Beck 2014.

Kurt Flasch. *Eine Einladung Dante zu lesen.* 2. Aufl. S. Fischer: Frankfurt 2018.

Kurt Leonhard. *Dante.* Rowohlt: Hamburg 1970.

Reto Raduolf Bezzola. »Dante Alighieri«. In: *Lexikon des Mittelalters Bd. 3.* Metzler: Stuttgart 2000, Sp. 544-546.

The Dante Encyclopedia. Ed. Richard Lansing. London: Routledge 2010.

Tilmann Schmidt. »Bonifatius VIII«. In: *Lexikon des Mittelalters Bd. 2.* Metzler: Stuttgart 2000, Sp. 414-416.

Vergil und Dante oder: Handschlag der Klassiker

Von Christoph Sorger

Am Karfreitag des Jahres 1300 verirrt sich ein Wanderer in einem furchteinflößend finsteren und dichten Wald, weil er von seinem Weg abgekommen ist. Als er den Waldrand erreicht hat, erblickt er eine Anhöhe, über der gerade die Sonne aufgeht. Er kann sie aber nicht erreichen: Drei wilde Tiere nähern sich ihm bedrohlich, eine Pantherkatze, ein Löwe und eine Wölfin. Der Wanderer weicht erschreckt zurück...

Dies ist die Ausgangssituation der *Göttlichen Komödie* des Dante Alighieri (1265-1321), Bürger von Florenz, teilweise aktiv in der Politik seiner Stadt, 1302 unter Todesdrohung ins Exil getrieben, aus dem er nicht mehr zurückkehren sollte. Er schrieb an ihr von etwa 1304 bis kurz vor seinem Tode. Natürlich ist die Szene allegorisch. Der verirrte Wanderer, der verlorene Weg, Wald, Tiere und Anhöhe sind nicht einfach wörtlich zu nehmen, sie stehen für etwas anderes. Nach den gängigsten Deutungen geht es um den Lebensweg des Christenmenschen, der sich im Dickicht von Sünde und Irrtum verlaufen hat, von (seinen) Begierden bedroht wird und doch Erlösung erlangen möchte. Von sich aus kann er es aber nicht. Da erscheint ein Fremder und bietet ihm seine Hilfe an. Da der direkte Weg versperrt ist, will er ihn auf einem anderen zu seinem Ziele führen. Der Fremde ist niemand anders als der Schatten – wir stehen, wie gesagt, nicht an irgendeinem Waldrand, sondern an der Schwelle zur Unterwelt – des römischen Dichters Publius Vergilius Naso (70-19 v. Chr.), kurz Vergil genannt. Dieser ist zum Klassiker geworden vor allem durch sein Epos *Aeneis* über die Mühen und Kämpfe des Trojaners Aeneas, des Sohnes des Anchises und der Göttin Aphrodite – bei Vergil heißt sie gut lateinisch Venus –, der kraft Beschluss des Schicksals mit seinem Anhang dem Untergang seiner Stadt entkommt und übers Meer fährt, um nach Irrfahrten, die in deutlicher Bezugnahme auf Homers *Odyssee* gestaltet sind, in der italienischen Landschaft Latium eine neue Heimat zu finden, wo er dann letztlich zum Stammvater Roms und seines Weltreichs wird. Die *Aeneis* wurde das Nationalepos der Römer. Sie krönte Vergils Ruhm, den er schon zuvor mit seinen *Bucolica* (Hirtengedichte) und seiner *Georgica* (Lied vom Landbau) erworben hatte. Vergil starb, ohne sie vollenden zu können, und er soll seine Freunde gebeten haben, sie zu vernichten. Angeblich sorgte Augustus persönlich dafür, dass sie veröffentlicht wurde. Das war Respekt vor einem großen Dichter, lag aber auch in seinem eigenen Interesse, schrieb sich doch das Geschlecht der Iulier, dem Caesar und Augustus angehörten, von Aeneas und damit von Venus her. Dergleichen war nicht einfach Propaganda, sondern wurde durchaus ernst genommen. Auch andere römische Sippen behaupteten, von nach Italien gekommenen Trojanern abzustammen. Der berühmte Gelehrte Varro (116-27 v. Chr.) widmete diesen »trojanischen Familien« eine leider verlorene Schrift. Das Mittelalter sollte da später nicht zurückstehen. Geschichten um Troja à la Aeneas' Zug in eine neue Heimat und Begründung einer neuen Nation »boten einen Mythos nationaler Ursprünge für europäische Städte, Regionen und Nationen (...) und einen Spiegel für aristokratisches und fürstliches Verhalten« (Robert R. Edwards, zit. in Keller, S. 120). Und Vergil war neben Ovid der wichtigste Vermittler der Troja-Story (Keller, S. 121).

Diesen Vergil also macht Dante zum Führer seines Wanderers auf dem Wege, der durch Hölle und Fegefeuer zum

Paradies führt. Das ist eine andere Welt als die des römischen Epos, das ist die Weltsicht des Mittelalters, und in der Tat ist die *Göttliche Komödie* das Werk, das nach den Worten des Romanisten Erich Auerbach »die mittelalterliche Kultur abschließt und zusammenfasst« (Auerbach, S. 88), eine grandiose Synthese der theologischen, historischen, astronomischen und metaphysischen Ideen einer Epoche. Zugleich ist es engagierte Zeitkritik eines Bürgers einer italienischen Stadtrepublik, vor allem aber großartige Dichtung, deren Gestalten und Situationen lebendig sind, weil sie Individualität, Farbe, Fleisch und Blut haben und dadurch weit mehr sind als bloße lehrhafte Bebilderung von Theorien und Ideen. Sie sind mehrdeutig. Interpretationen haben je nachdem stärker die christlich-heilsgeschichtlichen oder die zeitgeschichtlichen Aspekte betont, und auch an Versuchen, esoterische Bedeutungen zu ermitteln, hat es nicht gefehlt, wobei das Heraus- oder Hineinlesen zahlenmystischer Bezüge eine große Rolle spielt. Am christlichen Charakter der *Göttlichen Komödie* kann jedenfalls nicht gezweifelt werden, ob man nun in Dante einen guten Katholiken oder einen Häretiker sieht. Da verwundert es zumindest heutige Leser schon, dass der Dichter ausgerechnet Vergil zum Begleiter seines Wanderers macht, also einen Heiden und nicht etwa einen Heiligen. Freilich, das Paradies lässt Dante seinen Vergil nicht betreten – da übernimmt Beatrice die Führung, die früh verstorbene Jugendliebe des Wanderers und wohl auch Dantes. Sie wird ihn in die göttlichen Geheimnisse einführen. Von geradezu übernatürlicher Schönheit, ist sie traditionell als Verkörperung der Theologie gesehen worden, man kann sie auch mit Kurt Flasch als die selige Anschauung Gottes betrachten. Aus jenseitiger Ferne hat sie die Verwirrungen des Wanderers mit angesehen, und – aufgefordert von der Gottesmutter über die Heilige Lucia – ihm Hilfe zukommen lassen. Und damit hat sie niemand anderen beauftragt als Vergil. Warum? »Du liebenswürdige Mantuaner Seele, deren Ruhm noch immer in der Welt andauert und dauern wird so lange wie die Welt«, redet sie den in der Nähe von Mantua geborenen Vergil an. »[...] Mach du dich [...] auf und hilf ihm mit deinem kunstvollen Wort« (*Inferno* 2, 58-68).

Der Klassiker im Mittelalter

Dass Vergil seinen Aeneas auf seiner Suche nach einer neuen Heimat ebenfalls auf eine Unterweltsreise schickt (*Aeneis*, 6. Buch) wie Homer seinen Odysseus im 11. Gesang der *Odyssee*, reicht allein zur Erklärung nicht aus. Dazu muss man die nachgerade einzigartige Stellung betrachten, die Vergil für das Mittelalter hatte. Bereits während der römischen Kaiserzeit war Vergil Schulstoff geworden. Was korrektes und gutes Latein sei, lernten die Schüler vorzugsweise anhand seiner Dichtungen. Das änderte sich auch nicht, nachdem das Christentum Staatsreligion geworden, das Weströmische Reich zerfallen und jener tiefgreifende, lange andauernde und lange fortwirkende Umschmelzungsprozess im Gange war, aus dem das mittelalterliche Europa hervorgehen sollte. Dabei kamen ein Kanon und ein Literaturverständnis heraus, die heute z. T. seltsam anmuten. Die historisch-kritische Betrachtungsweise, die wir heute vielfach für selbstverständlich halten, war dem Mittelalter vollkommen fremd: Man nahm die Werke, die man immer wieder rezipierte, sozusagen unmittelbar, ohne sie in irgendwelche Entwicklungszusammenhänge einzuordnen. Die lateinischen Dichter, die man las – Griechisch konnten im katholischen Westen nur wenige – waren neben Vergil und anderen Klassikern wie Ovid (43 - ca. 17 v. Chr.) oder Horaz (65 - 8 v. Chr.) die heute weitaus weniger bekannten Lukan (39 - 65 n. Chr.), der ein unvollendetes Epos über den römischen Bürgerkrieg zwischen Pompejus und Caesar hinterlassen hatte (*De Bello Civili*, häufig auch als *Pharsalia* bezeichnet), sowie Statius (40-ca. 96 n. Chr.), von dem epische Dichtungen zu zwei berühmten Themen der griechischen Mythologie stammen: die *Thebais* über die kriegerischen Ereignisse um Theben und die unvollendete *Achilleis*, deren Gegenstand das Leben des Achilles ist. Die *Thebais* wurde im Mittelalter gern als christliche Allegorie gelesen. Autoren waren für das schriftgläubige Mittelalter eben auch Autoritäten, und das galt nicht nur für Bibel und Kirchenväter.

Dass Vergil unter diesen Autoritäten einen besonderen Rang einnahm, verdankte er nicht nur seiner Stellung im Lateinunterricht, sondern auch einem Missverständnis. Seit dem 4. Jahrhundert hatten viele christliche Autoren, wenngleich nicht alle, in ihm einen Verkündiger der Geburt Christi gesehen, weil er in der vierten Ekloge (Gedicht) seiner *Bucolica* von einem Kind gesprochen hatte, mit dessen unmittelbar bevorstehenden Geburt das Goldene Zeitalter wiederkehren und der in Frieden den Erdkreis lenken werde. Er spielte auf eine Prophezeihung der Sibylle von Cumae an, die besagte, der Himmel werde einen König senden, was zur Zeit des Apollo geschehen werde – und Octavian, der ab 27 v. Chr. den Beinamen Augustus führte, hatte sich schon seit den 40er Jahren v. Chr. mit Apollo identifiziert (Smith, S. 43 und 76). Die cumaeische Sibylle sollte später im 6. Buch der *Aeneis* als Priesterin des Apollo und der Unterweltsgöttin Trivia (Hekate) den Gang des Helden in die Unterwelt überhaupt möglich machen. Die frühen Christen haben sie aufgrund der o. g. Weissagung dann den Propheten gleichgesetzt, und so fand sie mit den anderen Sibyllen – das Mittelalter kam schließlich auf zwölf dieser prophetischen, Orakelsprüche verkündenden Frauen – Eingang in die christliche Ikonographie. Der *Aeneis* wiederum entnahm das Mittelalter Erzählstoffe, die sowohl in der mittellateinischen Epik als auch in nationalsprachigen Dichtungen gestaltet wurden. Einer besonderen Beliebtheit – und dies bis in die Neuzeit – erfreute sich das tragische Schicksal der Phönizierin Dido, die, nachdem ihr Bruder ihren Gatten ermordet hatte, nach Libyen floh und Karthago gründete, über das sie dann als Königin herrschte. Sie nahm Aeneas und seine Gefährten auf, als diese auf der Fahrt von Sizilien nach dem italienischen Festland durch einen Sturm an die Küste Nordafrikas verschlagen wurden. Der Liebe, die sich zwischen ihr und Aeneas entwickelte, war aber kein Glück beschieden, denn Aeneas musste sie schließlich auf göttliches Geheiß verlassen, um den ihm vom Schicksal erteilten Auftrag – die Ansiedlung in Latium – zu erfüllen. Die in ihrer Ehre und ihrer Leidenschaft verletzte Dido nahm sich das Leben. Die Reihe der literarischen Bearbeitungen, später auch der Opern und Gemälde zu diesem Thema, reicht bis an die Gegenwart heran. In Dantes *Göttlicher Komödie* treffen wir sie wieder. Interessanterweise ist sie nicht bei den Selbstmördern im siebenten Kreis der Hölle, sondern im zweiten Kreis bei denjenigen, die »die Vernunft dem Trieb hintangestellt haben« (*Inferno* 5, 38). Sie ist dort als Ehebrecherin, weil sie in ihrer Verliebtheit dem Andenken ihres ermordeten Mannes untreu geworden ist (5, 61-63).

An den Ruhm des Dichters und Grammatikers Vergil lagerten sich der des Propheten und des Weisen an, der ein Buch besessen habe, in dem alle Geheimnisse verzeichnet gewesen seien. Und Legenden rankten sich um ihn. Ein Zauberer sei er gewesen – natürlich ein wohltätiger. Wir wissen hauptsächlich von ihnen, weil Kleriker, politische Funktionsträger und Gelehrte etwa des 12. Jahrhunderts sie überliefert und anscheinend auch für bare Münze genommen haben. Der Stadt Neapel, in der er lange gelebt hatte und in der er begraben lag, habe er eine Reihe magischer Gegenstände vermacht. Unter anderem ein Stadtmodell in einer Flasche, das Neapel vor Zerstörungen bewahrte, ein bronzenes Pferd, das dafür sorgte, dass sich Pferde nicht den Hals brachen, desgleichen eine bronzene Fliege, die, an einem Stadttor befestigt, der Fliegenplage wehrte, und einen bronzenen Bogenschützen, der verhinderte, dass der Vesuv ausbricht. Und als Schilderer einer Unterweltsreise kannte er sich in den jenseitigen Lokalitäten aus und hatte Macht über die dort hausenden Geister.

Derartige Geschichten werden es freilich weniger gewesen sein, die Dante bewogen, Vergil zum Führer seines Wanderers durch die Unterwelt zu machen. Wichtiger war da schon die Tatsache, dass die *Aeneis* die Weltherrschaft Roms propagierte, die zugleich den Völkern den Frieden bringen würde, indem sie eine neue Weltordnung errichten würde. »Du, Römer, sollst, dessen sei dir bewusst, Völker unter deiner Hoheit lenken (dies werden die dir verliehenen Gaben sein) und Regeln verordnen dem Frieden: Schonung für den unterlegenen, aber Kampf bis zum Ende gegen den widersetzlichen Feind« (*Aeneis* 6, 842-853).

Die Grenzen und Kehrseiten dieser Weltordnung sind ein ander Ding, aber nach im Mittelalter weithin herrschender Meinung war dieses von Caesar und nach ihm von Augustus durch die Beendigung innerer Kämpfe befriedete Reich die Voraussetzung gewesen, dass Christus in diese Welt kommen konnte. Die römische Weltmonarchie hatte der christlichen Weltkirche den Boden bereitet, an deren Spitze der Papst stand – wohlgemerkt, als geistliches, nicht etwa als weltliches Oberhaupt. Die weltliche Herrschaft gebührte dem Kaiser an der Spitze des Heiligen Römischen Reiches, das seinem Selbstverständnis nach die Nachfolge des Imperiums angetreten hatte. In Wirklichkeit aber waren die Kaiser zu Dantes Lebzeiten relativ schwach gegenüber den weltlichen Machtansprüchen der Päpste, gegenüber den ihre Eigeninteressen verfolgenden Partikularmächten, den Fürsten und Städten, und gegenüber der französischen Monarchie, die deutlich in Konkurrenz zum Reich trat. Dante und viele Zeitgenossen, die erlebten und erlitten, wie Italien zerrissen wurde zwischen den Ansprüchen des Reiches, der Päpste, der Fürsten und Städte – und innerhalb der Städte der verschiedenen Parteien – waren der Überzeugung, die Wiederaufrichtung der kaiserlichen Autorität würde nicht nur Italien und der Welt den Frieden bringen, sondern sie wäre auch eine Voraussetzung für die Wiederkehr Christi. Politische Utopie und Eschatologie gingen Hand in Hand.

Dichterische Nachfolge

Dantes Bewunderung für Vergil hat nun nicht dazu geführt, dass er in seiner *Göttlichen Komödie* der Struktur der Aeneis gefolgt wäre. Aber es gibt bedeutende Anklänge und Korrespondenzen. Vor allem zum sechsten Buch des Vergil'schen Epos, das die Unterweltsfahrt des Helden beschreibt. Der Zugang befindet sich in einem dichten, finsteren Wald am Avernersee – daher wohl auch der Wald im ersten Gesang des Dante'schen *Inferno* – es gibt Tore bei Vergil wie später bei Dante, und es geht tief in die Erde – bei Dante wird sich die Hölle trichterförmig bis zum Erdmittelpunkt erstrecken. Das Wachpersonal der Hölle wird sich teilweise aus der antiken Mythologie rekrutieren – schon bei Vergil halten sich mythologische Monstren im Tartarus auf, wo die Missetäter grausam abgestraft werden. Schon Aeneas braucht Führer wie später Dantes Wanderer: zunächst die cumaeische Sibylle und später den Schatten seines Vaters Anchises, von dem er erfährt, dass und wie sich der ihm zunächst in vager Form gegebene Schicksalsspruch bewahrheiten und wie sich in ferner Zukunft – zur Zeit des Augustus, also zu Virgils Lebzeiten – das künftige Rom entwickeln wird. Anchises hält sich im Elysium auf. Das In-

nere des Tartarus, des eigentlichen Strafortes, wo die Missetäter ihre verdienten Qualen erleiden, bekommt Aeneas gar
nicht zu sehen. Die Sibylle, die ihn zu seinem Vater führt,
erzählt ihm nur summarisch davon. Dantes Wanderer hingegen sieht die Hölle, und der Dichter hat, was er sieht, in
unvergessliche Bilder gebannt, die die Qualität grausig sur-
realer Albträume haben, und man kann sich häufig des Ein-
drucks nicht erwehren, dass Dante, der seinen Wanderer
durchaus Mitleid empfinden lässt, mitunter leise an der göttlichen Gerechtigkeit zweifelt. Sein Führer Vergil aber macht
ihm von einem gewissen Punkt an klar, dass Mitleid fehl am
Platze ist. Der Wanderer trifft unter anderem prominente
Zeitgenossen, von den Großen italienischer Städte bis zu
diversen Päpsten, die für Korruptheit, Machtgier und verwandte Sünden gequält werden. Hier ist dann der Ort für
die beißende Zeitkritik des Dichters. Im letzten Höllenkreis, in dem eisige Kälte herrscht, sieht er die schlimmsten
Verräter, Judas, der Christus verraten hat, und die Caesar-
mörder Brutus und Cassius, die ewig in den drei Mäulern
Satans zerfleischt werden. Die drei haben sich aufs Sträf-
lichste am himmlischen und am irdischen Reich vergangen.
Vergil als Führer spendet dem oft verzagten Wanderer auf
seinem Horrortrip Zuspruch, ermutigt, ermahnt, weist auch
zurecht und trägt ihn nicht selten wie ein Vater sein Kind.

Läuterung antik und mittelalterlich

Schließlich entkommt der von Vergil geführte Wanderer
der Hölle: Auf der anderen Seite der Erdkugel stehen beide
vor dem Läuterungsberg – der Dante'schen Version des Fegefeuers – den sie ersteigen müssen. Hier werden die minder schweren Sünder abgestraft, bis sie gereinigt und bereit
sind, ins Paradies einzugehen. Das Fegefeuer war eine theologische Innovation, die bei bedeutenden Vorläufern bereits

bei Kirchenvätern und ebenso bedeutendem Widerstand zwischen 1150 und 1250 Eingang in den Glauben der Kirche gefunden hatte – in der Bibel gibt es neben dem Irdischen nur das Reich Gottes und die Verdammnis. Das Fegefeuer war also eine wahrhaft kühne Neuerung, die sich freilich im Glauben der katholischen Christenheit etablierte. »Das Fegefeuer«, so 1802 der französische Romantiker François-René de Chateaubriand, »übertrifft dadurch in poetischer Hinsicht den Himmel und die Hölle, dass es nicht, wie diese beiden, das Schicksal seiner Bewohner abschließt, sondern eine Zukunft offenlässt« (Chateaubriand, S. 342). Nun, die Poesie kann man bei Dante in Fülle finden. Und Dante konnte, ganz unabhängig von den Theologen, Ansätze dazu in der *Aeneis* finden. Das Elysium, das in deren sechstem Buch beschrieben wird, ist nicht nur Aufenthaltsort der Tugendhaften und Gerechten, wie später der christliche Himmel Ort der rechtschaffenen Gläubigen ist – es ist auch der Ort, an dem die Seelen, denen vom Fatum ein zweites Leben bestimmt ist, zunächst mit Wind, Wasser und Feuer von ihren Befleckungen und Vergehen gereinigt werden, bevor sie nach tausend Jahren neue Körper erhalten. Das ist orphisches, pythagoreisches und platonisches Gedankengut; für Dante war freilich nur ihre Seelenläuterung brauchbar.

Coda

Dante nennt Vergil seinen Meister und Urheber im ersten Gesang des *Inferno* – nur von ihm habe er den schönen Stil gelernt, der ihm Ehre einbrachte (Verse 85ff). An Äußerungen der Bewunderung und Dankbarkeit dem antiken Dichter gegenüber fehlt es nicht. Eines freilich muss sich Dante versagen: Er kann Vergil nicht buchstäblich in den Himmel heben, denn nach kirchlicher Lehre haben Ungetaufte dort keinen Zutritt. Er bringt ihn und andere von ihm bewunderte Gestalten der Antike – historische wie auch mythische – im ersten Kreis der Hölle unter, an einem Ort, wo die Strafe nur in »Sehnsucht ohne Hoffnung« besteht (*Inferno* 4, 42). Und hier hat der Wanderer – man darf ihn ruhig mit Dante identifizieren – eine entscheidende Begegnung: Er trifft Homer, den römischen Satiriker Horaz sowie Ovid und Lukan. Und diese Dichter, die »schöne Schule dieses Fürsten der höchsten Sangeskunst« (Vergil) erweisen Dante die Ehre, ihn in ihre Schar aufzunehmen (Verse 94-102). Dante hatte den Ehrgeiz, ein Klassiker zu werden, wie Vergil einer war. Mit der Aufnahme in die »schöne Schule« erdichtete er den eigenen Ritterschlag. Das ist nicht unbedingt bescheiden. Aber – bedenkt man die hohe Qualität seiner Dichtung und ihre zwar gelegentlich verdunkelte, aber bis heute anhaltende Wirkung – wohl berechtigt.

Literaturhinweise

Auerbach, Erich. *Gesammelte Aufsätze zur romanischen Philologie*. Bern und München: Francke 1967.

Chateaubriand, François-René de: *Geist des Christentums*. Berlin: Morus 2004.

Curtius, Ernst Robert: *Europäische Literatur und lateinisches Mittelalter*. 2. Aufl. Bern: Franke 1954.

Comparetti, Domenico: *Virgil in the Middle Ages* (Orig.: *Virgilio nel Medio Evo*, 1872). Princeton, New Jersey: Princeton University Press 1997.

Dante Alighieri: *La Commedia – Die Göttliche Komödie*. (3 Bde.) Italienisch und Deutsch. In Prosa übersetzt und kommentiert von Hartmut Köhler. Stuttgart: Reclam 2021.

Flasch, Kurt: *Einladung, Dante zu lesen*. 2. Aufl. Frankfurt am Main: S. Fischer 2011.

Le Goff, Jacques: *Die Geburt des Fegefeuers*. Stuttgart; Klett-Cotta 1984.

Keller, Wolfram R.: *Selves & Nations. The Troy Story from Siciliy to England in the Middle Ages*. Heidelberg: Winter 2008.

Rüegg, August. *Die Jenseitsvorstellungen vor Dante und die übrigen literarischen Voraussetzungen der »Divina Commedia«* (2 Bde). Einsiedeln/Köln: Benziger 1945.

Smith, R. Alden: *Vergil. Dichter der Römer*. Darmstadt: Wissenschaftliche Buchgemeinschaft 2012.

Vergil. *Aeneis*. Lateinisch und Deutsch. Übersetzt und herausgegeben von Edith und Gerhard Binder. Stuttgart: Reclam 2008.

Vergil. *Werke in einem Band*. Übersetzt und herausgegeben von Dietrich Ebener. Berlin und Weimar: Aufbau 1984.

Philaletes: Dantes königlicher Übersetzer

Von Claudia Roch

Auf dem Theaterplatz vor der Dresdner Semperoper steht das Reiterstandbild eines Mannes, der für viele Betrachter ein nahezu Unbekannter ist. Der in den Königsmantel gehüllte Reiter mit dem nachdenklichen Blick ist Johann von Sachsen (1801-1873), der unter dem Pseudonym »Philalethes« als Übersetzer von Dantes *Göttlicher Komödie* zu eigentümlichem Ruhm kam.

Sein Vater, Prinz Maximilian von Sachsen, war ein jüngerer Bruder des Kurfürsten Friedrich August der Gerechte, der 1806 durch Napoleon zum König erhoben wurde. Als drittgeborener Prinz wurde Johann auf eine militärische Laufbahn vorbereitet, die jedoch seinem Wesen nicht entsprach. Eine Reise nach Italien, der Heimat seiner früh verstorbenen Mutter Caroline von Parma, sprach die Veranlagung des sprachbegabten und hochgebildeten Prinzen wesentlich eindrücklicher an. Im Herbst 1821 erwarb er in Pavia ein Exemplar der *Divina Commedia* und vertiefte sich sofort in die Lektüre.

»Es wurden hier«, so schreibt er in seinen Lebenserinnerungen, »für die Studenten auf allen Gassen Bücher in Buden verkauft. In einer solchen Bude kaufte ich im Vorübergehen einen Dante in der Ausgabe von Biagioli. Das war der Anfang meiner Vorliebe für diesen Dichter, denn von da an las ich täglich während des Fahrens einen oder ein paar Gesänge mit Hilfe eines sehr unvollkommenen Handdictionnaires und des gute Anleitung gebenden Commentars und brachte bis zum Schluß der Reise das ganze Inferno fertig« (Kretzschmar, S. 65).

Die Leidenschaft für den italienischen Dichter behielt Johann zeit seines Lebens. Nach seiner Italienreise widmete sich der Prinz dem Werk Dantes und begann, sich intensiv mit der italienischen Sprache zu befassen. Nachdem er 1854 durch den Unfalltod seines älteren kinderlosen Bruders Friedrich August II. überraschend auf den Thron kam, wurde Dresden auch geistig zum Florenz des Nordens. Am Hof des Wettiners stand die Welt der Werke Dantes im Mittelpunkt des kulturellen Lebens wie nirgends sonst in Europa.

Philalethes, der Freund der Wahrheit

Dante war als »romantischer« Dichter im deutschen Geistesleben des frühen 19. Jahrhunderts allgegenwärtig. Zur Zeit von Johanns erster Begegnung mit dem großen Florentiner hatte die *Göttliche Komödie* schon mehrere Übersetzer gefunden, so Ludwig Bachenschwanz (1767/69) und Karl Ludwig Kannegießer (1809). Johann mag nach der Lektüre des Originals die ihm zugänglichen Übersetzungen als ungenügend empfunden haben oder aber den Wunsch, sich auch selbst einmal an der Übersetzung des klassischen Werkes zu versuchen. Die entscheidende Anregung dazu, diese Aufgabe in Angriff zu nehmen, gab ihm wahrscheinlich sein Freund und Leibarzt Carl Gustav Carus.

Nach fünf Jahren tastender Versuche legte er einem Kreis von Vertrauten die ersten zehn Gesänge des *Inferno* zur Begutachtung vor. Johann veröffentlichte sie 1828 unter dem Pseudonym »Philalethes« (Freund der Wahrheit), das ihm den Beinamen »Johann, der Wahrhaftige« eintrug, in einem auf eigene Kosten gedruckten Quartbändchen. Er wollte Dantes Werk mit möglichst wörtlicher Treue ins Deutsche übertragen, wie er im Vorwort schrieb, und wählte dafür die Form der metrischen Übersetzung. Die Anonymität zu wahren, war Johann wichtig, denn er wollte die Bewertung des Werkes nicht durch seinen großen Namen verzerren.

1833 erschien die Übersetzung der restlichen 24 Gesänge der Danteschen Hölle, 1839 nochmals mit ausführlichen Erläuterungen als Buchhandelsausgabe. Die auf seinem Lieblingsschloss Weesenstein erarbeitete Übersetzung der Teile *Purgatorio* und *Paradiso* gelangte erstmals 1840 bzw. 1849 zum Druck. Die Endredaktion des letzten Teils hatte Johann übrigens auf der Flucht vor der Revolution 1848 auf der Festung Königstein vorgenommen. Im Verlag der Arnoldischen Buchhandlung in Dresden und Leipzig erschien die knapp 1100 Seiten umfassende dreibändige Gesamtausgabe der *Göttlichen Komödie*, deren immer neue Ausgaben Johann noch als König beschäftigt haben. 1865 erteilte er dem Verlag B. G. Teubner in Leipzig die Erlaubnis für eine »neue, durchgesehene und berichtigte Ausgabe«. Sie ist auch für alle späteren Ausgaben bis hin zur neuesten maßgeblich geblieben.

Nur Goethe schmähte

Das Echo auf die Übersetzung war beachtlich. Nicht minder groß war das Erstaunen darüber, dass ein Mitglied eines regierenden Herrscherhauses eine solche Arbeit unternommen hatte. »Die Betrachtung«, schrieb Karl August von Varnhagen 1829 anlässlich der Veröffentlichung der ersten zehn Gesänge des *Inferno* an den Prinzlichen Oberhofmeister von Miltitz, »geht mit freudiger Innigkeit auf das allgemeine Gebiet unserer deutschen Geistesbildung, auf den wirksamen Antheil, der ihr solchergestalt in den höchsten Lebenskreisen so prunklos als ernst gewidmet wird, und auf das glückliche Geschick über, welches unserem nicht nur geistigen, sondern überhaupt unserem nationalen Fortschreiten leuchtet, wenn die Nation unter ihren Ersten und Höchsten solche Beispiele zeigt!« (zit. in Neumeister, S. 142).

Ganz ähnlich äußerte sich Alexander von Humboldt 1849 nach Abschluss des Unternehmens: »Es gewährt einen erhebenden Anblick, ein edles Herrschergeschlecht mehrere Generationen hindurch, hochherzig, von dem Gedanken beseelt zu sehen, durch jene Annäherung nicht blos den Ruhm der Heimath oder den eigenen Genuss des Lebens zu erhöhen, sondern auch, durch eine der Annäherung inwohnende begeisternde Macht, den schaffenden Genius zu einem kühneren Fluge anzuregen« (ebd., S. 142f.).

Nur einer schmähte mal wieder: Goethe. Am 9. August 1828 schickte Kanzler Friedrich von Müller ein Exemplar des Vorabdruckes an den Dichterfürsten und bat um ein »ostensibles Billet« darüber. Doch Goethe konnte dem wissenschaftlichen Herangehen des Übersetzers, das sich in zahlreichen Anmerkungen niederschlug, wenig abgewinnen. Er vermisste im Gegensatz zu früher gelesenen Übersetzungen in Johanns Werk die Gewalt und den Reichtum von Dantes poetischer Sprache. Um sich aus der Affäre zu ziehen, bat er Müller um die Zusendung einer Gedichtsammlung des Prinzen. Nach deren Lektüre wollte er sich wohlwollend über dessen poetisches Talent äußern. Johann erfuhr von Goethes Kritik, was ihn offensichtlich nicht daran hinderte, seine Übersetzung in der einmal begonnenen Form fortzuführen.

Das »Dante-Kränzchen«

Johann selbst hat sich nie als begnadeter Sprachkünstler verstanden, sondern stets nur als ein philologisch-historisch arbeitender Gelehrter. Das beweist allein schon die Art, wie er das kühne Unternehmen anging und vollendete. Seit dem Winter 1827/28 versammelte er einen Kreis von Fachleuten um sich, mit denen er sich beständig austauschte. Mit den Mitgliedern des sogenannten »Dante-Kränzchens« traf sich der Prinz regelmäßig, um bei einem Glas Negus seine Übersetzung vorzutragen und zu diskutieren.

In dieser Abendgesellschaft – aus der seit 1832 ein engerer Kreis, die »Accademia Dantesca« hervorging – waren viele hervorragende Dresdner vertreten. Dazu zählten beispielsweise der Diplomat und Übersetzer Wolf Heinrich von Baudissin, der Arzt und Maler Carl Gustav Carus und der Dichter Ludwig Tieck. Zuweilen wurden zu diesen Abenden auch »durchreisende Nobilitäten« eingeladen, wie Alexander von Humboldt. Man traf sich in der Villa des Kunsthistorikers Carl Friedrich von Rumohr auf dem Wachwitzer Weinberg, welcher »dabei für ein treffliches Gabelfrühstück« sorgte, oder in einem der Pavillons des Pillnitzer Schlossparks. »[D]a saßen wir denn in dem altmodisch verzierten bequemen Gartenzimmer, welches wohl noch nie dergleichen poetische Zusammenkünfte gesehen hatte, jeder mit seinem Dante bewaffnet […] und hörten von Tiecks sonorer Stimme aufmerksam die von einem Fürsten verdeutschten Verse des Dichterfürsten vortragen«, erinnert sich Carus (zit. in Meyer, S. 13).

Nicht nur über Dante, sondern auch über aktuelle Themen aus Wissenschaft, Kunst, Bildung und Politik wurde debattiert. Die Abendgäste waren entzückt von seiner geistreichen Auffassung aufgeworfener Fragen und seiner liebenswürdigen Art zu diskutieren. Johann musste sich jedoch auch der in diesem Kreise freimütig geübten Kritik stellen, Widerspruch aushalten und die besseren Argumente akzeptieren. »Diese Stunden gehören zu meinen angenehmsten Erinnerungen«, schreibt er in seinem Lebensrückblick, »und sie gewähren mir zugleich den Vorteil, auf dem leichtesten Wege gewissermaßen die Blüte von manchem mir fremden wissenschaftlichen Strauß zu pflücken« (Kretzschmar, S. 86).

Wissenschaftliche Exkurse im Kleindruck

Der reiche Ertrag dieser geselligen Stunden ist uns erhalten geblieben: Es ist der Kommentar zur *Göttlichen Komödie*, den

Johann über die Jahre zusammentrug. Dieser Kommentar erklärt erst eigentlich den beträchtlichen Umfang der dreibändigen Ausgaben von 1833 bis 1849 und 1865/66. Er füllt in Form von ausführlichen Fußnoten immer wieder halbe oder ganze Seiten unter dem Text. Nicht selten wächst er sich zu langen mehrseitigen Exkursen im Kleindruck aus. Das hier ausgebreitete Wissen ist beeindruckend. Es verdankt sich sicher zum großen Teil den Gesprächen mit den Teilnehmern der Abendgesellschaft und dem sich daran anschließenden Briefwechsel. Vor allem aber zeugt er von Johanns umfassender, zum großen Teil autodidaktisch erworbenen Bildung. Er zeugt ebenso von seinem Bestreben, diese Bildung konsequent und erschöpfend in den Dienst der Deutung des Dante-Textes zu stellen. Dass Johann dies ohne jede Eitelkeit tat, geht aus der Einleitung zur ersten Ausgabe des *Purgatorio* von 1840 hervor:

»Ich wollte nämlich die Gedanken des Dichters nach und nach vor dem Leser sich aufrollen lassen, und ihm davon jedes Mal möglichst nicht mehr reichen, als zu dem Verständnisse der vorliegenden Stelle erforderlich ist. Den Gang, den ich selbst bei dem Studium des Dichters einschlagen musste, sollte der Leser gewissermaßen mitmachen, und nicht um die Freude gebracht werden, selbst mit einiger Anstrengung allmählich in das Verständnis jenes großen Geistes einzudringen. Dergleichen Abhandlungen, wie ich oben erwähnte, erregen oft so viel selbständiges Interesse, dass man darüber ihren Zweck aus den Augen verliert, und, ehe man zu der Stelle, welche erläutert werden soll, gelangt, die Erläuterung schon wieder vergessen hat« (zit. in Neumeister, S. 144).

Ein besseres Zeugnis als mit diesen Worten hätte sich Philalethes, der Freund der Wahrheit, nicht ausstellen können.

Bis heute gehört seine kommentierte Übersetzung der *Göttlichen Komödie* zu den sprachlich schönsten und wissenschaftlich verlässlichsten im deutschen Sprachraum.

LITERATURHINWEISE

Albert Prinz von Sachsen. »Carl Gustav Carus und seine Freundschaft mit König Johann von Sachsen«. Ärzteblatt Sachsen 8 (2005), S. 423-425.

Kretzschmar, Hellmut (Hrsg.): *Lebenserinnerungen des Königs Johann von Sachsen. Eigene Aufzeichnungen des Königs über die Jahre 1801 bis 1854.* Göttingen, Vandenhoeck & Ruprecht 1958.

Meyer, Thomas. »Carl Gustav Carus und Brunetto Latini, der Lehrer Dantes«. Der Europäer 4.1 (1999), S. 11-14.

Neumeister, Sebastian. »Der königliche Übersetzer«, in: Sächsische Schlösserverwaltung / Staatlicher Schlossbetrieb Schloss Weesenstein (Hrsg.), *König Johann von Sachsen. Zwischen zwei Welten* (Ausstellungskatalog). Halle an der Saale, Verlag Janos Stekovics 2001, S. 141-145.

Petzholdt, Julius. *Zur Geschichte der Danteausgaben von Philalethes.* Dresden 1884.

Philalethes. »Vorwort zur Ausgabe der ersten zehn Gesänge der Hölle von 1828«, in: Dante Alighieri's *Göttliche Comödie*, übersetzt von Philalethes. Leipzig/Berlin, B. G. Teubner 1904, S. XIV-XV.

Dazwischen?

Von Clemens Meyer

Vor wenigen Tagen wurde Kroatien von einem Erdbeben mittlerer Stärke erschüttert. Die Ausläufer dieser Plattenbewegungen waren noch in den anderen Staaten des ehemaligen Jugoslawiens zu spüren. Auch in den Höhlen von Pazin geriet das weit verzweigte unterirdische Wassersystem in Unordnung, spülte Unmengen von Artefakten an, Helme, Puppen, Knochen, Flaschen, blaue Plastikteile, die von Antipersonenminen aus den Kriegen der Neunziger Jahre stammten, alte aufgeweichte Soldbücher, Gasmasken sogar aus den ersten beiden großen Kriegen des zwanzigsten Jahrhunderts. Die Karsthöhle von Pazin, die am Rande einer gewaltigen Schlucht liegt, wurde zwar immer wieder erforscht, Taucher drangen weit vor oder verschwanden, aber es ist nicht genau geklärt, bis wohin sich diese Seen, die teilweise über- beziehungsweise untereinander liegen, und die sie verbindenden Höhlensysteme erstrecken.

Dante, der, so sagt es die Legende, einst am Rande der Schlucht von Pazin stand, wusste wahrscheinlich nichts von den Wässern im Fels, sonst hätte er seine Hölle wohl geflutet, das wahre Grauen liegt doch tief im kalten Nass, im Ersticken, Flugzeuge, die über dem Ozean abstürzen, verschwinden spurlos, und als *Halbgläubiger* (Monotheist, wobei Stereotheismus sicher interessant ist, aber vielleicht ist es ja wie bei den Jazzaufnahmen der 50er Jahre, Mono ist mehr!) fragte ich mich, was macht die Seele (beziehungsweise: wie gelangt sie von dort hinauf zum Licht), zwanzigtausend Meilen unter dem Meer? Dunkelheit, ist das die elementarste Angst? Lange Zeit ließ ich eine Kerze brennen, wenn ich mich schlafen legte, weil das böse Geister (andere sagen: den Teufel persönlich, aber wer soll das sein, Mister M? Die Chefin des britischen Geheimdienstes MI5?) fernhält. Schwärze. Bei Poe ist es das Weiß, was das Grauen bedeutet, das unermessliche Angst bringt. Das Letzte, was Arthur Gordon Pym sieht auf seiner Irrfahrt über den Ozean, ist ein riesiges weißes Wesen. Nein, der uns allen bekannte Wal ist es nicht. »Nun überflogen kleine Vögel den noch immer klaffenden Schlund; eine weiße Gischt schlug auf dessen weiße steile Seitenwände ein; dann brach alles in sich zusammen, und das große Bahrtuch des Meeres rollte sich hin, wie es vor fünftausend Jahren schon hingerollt.«

Die Geburt der Moderne. Lange vor Joyce war Melville. Und Dostojewski. Melville bündelt die Stimmen auf einem Schiff, auf einer irrsinnigen Jagd. Wo ist oben und wo ist unten. UNS BLEIBT DIE LUFT WEG. Und was ist dazwischen? Heute ist keine Zeit mehr, um in die Zwischenwelten zu schauen, sich ihrer bewusst zu werden. DER GLAUBE an seltsame Silberfäden zwischen uns taumelnden Kreaturen ist verloren. Weil doch nichts nachweisbar ist. Jedes DAZWISCHEN tut uns so ENTWISCHEN. Das Bewusstsein, dass der Kosmos, also ALLES um uns, einfach nur IST, kann entmutigend sein. Der IS allerdings ist in seiner monotheistischen Rechthaberei dann doch … Aber ist er nicht längst verschwunden? Und wenn man vom IST, über den I.S. zur I.S.S. kommt, also der International Space-Station? WIE WOLLEN DIE GÖTTER ÜBERLEBEN, wenn selbst die Toten in den Zwischenwelten schweigen? Auch Astronauten sehen keine Seelen. Oder hören wir nicht mehr … Und betören wir nicht mehr … Und zerstören umso mehr. Vor wenigen Tagen erschütterte ein Erdbeben der mittleren Stärke Kroatien. »Als die Giganten Göttern Furcht gemacht …«

Dostojewski bündelte die Stimmen in einer kleinen Stadt, wo »Böse Geister« wohnen, erwachen, uns anblicken, aus uns kamen, wir selbst jagen den Wal, fressen, schlagen, ver-

letzen, ringen nach Luft, verlieren uns in den Stimmen …
»So drang ich durch das dichte Dunkel dann; / Doch als ich
nah und näher kam dem Schlunde; / Floh mich der Irrtum
und die Furcht wuchs an.«

Die Ratio durchdringt die Furcht, weiß im Malstrom
aber auch, dass da unten irgendwo das Ende kommt, bei
E. A. Poe wird eine strudelnde Zwischenwelt aus Leben und
Tod mit der Ratio durchdrungen, Dupin (ein Vorläufer des
großen Detektivs Sherlock Holmes) ermittelt die Wahrheit,
der Fischer entkommt dem Malstrom, weil er deduziert,
nicht die Kontrolle verliert, seinen Verstand gebraucht, aber
unter den Dielen des Hauses of Usher, des Hauses of US,
schlägt dennoch das Herz, das verräterische Herz, und es
schlägt und schlägt, pocht von unten durch die Dielen, und
der Rabe krächzt: NEVERMORE, und der rote Tod trägt
eine Maske, toter Rot…

Eine von Poes Höllen ist der erwähnte Malstrom. Kreis
um Kreis trudelt das kleine Fischerboot mit den beiden Brü-
dern diesem Abgrund entgegen. Artefakte (Trümmer, Fäs-
ser, Wrackteile, Leichen, zerfledderte Atemschutzmasken,
hellblaue Plastikteile, die von Antipersonenminen stammen
könnten) treiben nach oben und verschwinden im Grund
und im Strudel und treiben nach oben, und werden, so erinnert sich der Fischer und erkennt nun die Rettung, an den
Strand gespült, wenn der Malstrom sich für wenige Augenblicke wieder an die Oberfläche drückt und alles ausspeit,
bevor das endlose Kreisen und Hinabziehen wieder beginnt.
Artefakte, die aus den Tiefen der Höhle von Pazin zu uns
dringen, angespült werden im Höhlenmuseum, am Fuße der
Schlucht. Es gibt kein *Dazwischen*. Es gibt nur ein *Jetzt*. Poe
ist nie in Pazin gewesen. »So dass die trächtige Luft sich
niederschlug; / Der Regen fiel und stürzte zu den Gräben; /
Soweit der Boden ihn nicht mehr vertrug. // Als er zu großen Flüssen sich begeben, / Stürzt er zum Königsstrom in

solchem Lauf, / Dass nichts vermochte ihm zu widerstreben.«

Ertrinken, ersticken. Strahlendes Weiß einer frisch gewaschenen Schutzmaske, strahlendes Weiß des Flugzeugs, Kondensstreifen, die zur Oberfläche des Ozeans führen, Milch, strahlendes Weiß einer Schutzmaske, Hellblau, Pink, wussten Sie, das KINO ein mineralischer (?) Stoff ist, aus dem man eine Farbe gewinnen kann? (Laut dem Band »Farben« aus der Reihe »Miniatur-Bibliothek«, den ich leider nicht finden kann, wer will schon googeln, die Welt ist ja flach! Handflächengroß sind die Büchlein dieser beinahe unendlichen Reihe, Tausende Titel gibt es, alle zu Beginn des zwanzigsten Jahrhunderts erschienen: *Der Waldbau, Suggestion, Moorkultur, Konstruktion von Flugmaschinen, Bodenbearbeitungen mittels Sprengstoffen, Versunkene Kontinente.* Zu finden sind diese Quellen von Wissen, Halbwissen und spektakulären Manipulationen der Realität nur noch in der Zwischenwelt der Antiquariate, wo die Toten sich aus dem Staub erheben, die Buch- und Holzwürmer ticken …)

Ertrinken, ersticken. Weiß ist keine Farbe, weil es das NICHTS ist. Wachen wir nicht oft auf, aus schweren Träumen, aus bodenloser Dunkelheit, nach Atem ringend? Eine *Aerosolbombe* beispielsweise nimmt den auserkorenen Opfern die Luft: Der Himmel brennt, o mein Sihdi, in Millisekunden dehnen wir uns aus und schrumpfen wieder, ich ersticke und krieche weg, der Himmel brennt, o mein Sihdi, Rüdiger erstickt und kriecht weg und kriecht doch keinen Millimeter, und wir ersticken nicht wirklich, unsere Lungen werden traumatisiert im Explosions-Vakuum der Aerosolbombe, die über uns detoniert und uns gefangen hält in einer Kuppel aus gleißendem Nichts, und ich finde Rüdiger und finde mich, bewegungslos und unversehrt, wir liegen inmitten der Kämpfer des Kalifats, und wir alle scheinen nur zu schlafen, traumatisiert nur in unseren Lungen, deren Flügel später aus unseren Rücken brechen, schwarz und blutig und millionenfach geädert, als wären wir Engel, während weit über uns die Tarnkappenbomber vom Typ B2 unsichtbar und dennoch hörbar gleiten und mit spitzen, schnabelähnlichen Mäulern, die denen von Hechten gleichen, die alles fressen in den Strömen, selbst die Wolken stechen und vertilgen.

In diesen eben verklungenen Zeilen treffen wir übrigens auf eine Figur aus dem Kosmos des Dr. May, den Hadschi, der, in den Malstrom der Moderne hineingerissen, seinen Erschaffer sucht in den Kriegen und auf alten Wegen, Balkanroute undsoweiter. Wo hatte er, der Hadschi, in all dieser langen Zeit, existiert? In einer Zwischenwelt? Selbst in den Antiquariaten wird er vergessen. Gehen wir einen Schritt zurück: »Leichen- oder Blutwässer: Die in Bunkern gestapelten Fische scheiden ein Sickerwasser ab, das noch durch die Spülwässer bei der Reinigung der Räume vermehrt wird. Dieses Abwasser ist eine Mischung von Blut, Laich, Rogen … Die Leichenwässer sind ihrer äußeren Beschaffenheit nach dickflüssige, schleimige Abwässer …«
WIRD FORTGESETZT

Etwas über Dante

Von Ernst Peter Fischer

Der Florentiner Dante Alighieri ist 1321 – also vor gut 700 Jahren – in Ravenna gestorben, und aus diesem Anlass werden viele kluge Menschen viele kluge Dinge über den verehrten Schöpfer der *Göttlichen Komödie* schreiben. Wer sich auf den Dichter Dante einlässt, kann erfahren, dass er gefordert hat, jeden Text müsse man in vierfachem Sinn auslegen können – einmal im buchstäblichen Sinn, dann im allegorischen Sinn, weiter im moralischen Sinn und schließlich im anagogischen Sinn, wobei anagogisch eine Anleitung zum Aufstieg meint, und zwar »zum Aufstieg in die Sphäre der Glaubenswahrheit«, wie es bei Ernst Robert Curtius in dem Buch zu lesen ist, in dem er 1932 »Elemente der Bildung« beschrieben hat. Als jemand, der vor allem über Fortschritte und Einsichten der Naturwissenschaften schreibt, möchte ich einmal in knapper Form nachprüfen, ob Dantes vierfache Forderung an Geschriebenes etwa in Sachbüchern erfüllt werden kann.

Da ist zunächst der buchstäbliche Sinn, der keine Mühe bereiten sollte, wie man meinen könnte, weil im Alltag klar ist, was gesagt werden soll, wenn man liest, »Menschen treffen sich zu einem Gastmahl und erfreuen sich der ihnen dargebotenen Speisen.« Natürlich halten erfahrene Leser sofort Ausschau nach einem versteckten doppelten Boden, den jede gute Erzählung kennt und der sich mit Hintergedanken der Eingeladenen oder des Küchenpersonals öffnen kann. Aber buchstäblich ist klar, was zu lesen ist: Menschen kommen zusammen und nehmen an einem Tisch Platz. Doch so einfach sich die Worte in dieser Sphäre des Humanen lesen lassen, wenn ein wissenschaftlicher Text Sätze über Atome oder Gene schreibt, erfordert bereits das Buchstäbliche einiges Nachdenken. Denn was meint man genau, wenn man schreibt, »Atome fügen sich zu Festkörpern zusammen« oder »Gene informieren über den Bau von Makromolekülen«. Was fügt sich da wie zusammen? Und wer liest in den Genen, damit sie ihre Information auf welche Weise loswerden? Buchstäblich – das geht bestenfalls in den simpelsten Fällen, wenn man etwa sagen will, »Die Welt ist voller Atome« oder »Es gibt Gene in Zellen«, wobei aber schon der nächste Schritt schief geht, etwa wenn man sagen will, wie viele Gene es in einer menschlichen Zelle und Atome in einem Liter Wasser gibt und wo Gene oder Atome genau anfangen und aufhören.

Was den allegorischen Sinn und damit die bildliche Darstellung eines eher abstrakten Begriffs angeht, so meint Dante selbst die Erzählung von Ovid, der von dem Sänger Orpheus berichtet, der in der Lage ist, mit seiner Leier Menschen zu bewegen. In der wissenschaftlichen Literatur werden einerseits die von den Mathematikern entdeckten Dimensionen, die über die zur Lebenserfahrung gehörenden Zahl Drei hinausgehen, als Allegorie für die Begrenztheit der menschlichen Vorstellungskraft benutzt. Allegorien weisen dabei über Metaphern hinaus, von denen es in wissenschaftlichen Texten wimmelt, etwa wenn die Wirkung von Biomolekülen durch das Schlüssel-Schloss-Prinzip erklärt wird und Gene als Worte im Buch des Lebens gelten, das gelesen werden kann. Allgemein gilt zu beachten, dass in einer Allegorese versucht wird, der verschleierten Bedeutung eines Textes auf die Spur zu kommen, was bei populärwissenschaftlichen Beiträgen knifflig sein kann, da sie ja gerade alles offenzulegen versuchen und man ihnen ein Versteckspiel mit dem Bekannten und Bekanntzumachenden übelnehmen würde. Aber wie kann ein Autor offenlegen, was ihm selbst ein Geheimnis ist, zum Beispiel die Funktion eines

Gens oder die Materialität eines Atoms? Hier kann man an das oben angedeutete Problem des buchstäblichen Sinns anschließen und vermuten, dass durch die nur wenig beachtete Tatsache, dass die Wissenschaften kein Geheimnis lüften, dafür aber alle vertiefen, im Grunde alle wissenschaftsjournalistischen Mühen allegorisch bleiben und die lesenden Rezipienten dabei ihre eigenen Bilder entwerfen müssen, wenn sie für sich selbst etwas verstehen wollen. Ein Satz wie »Die Welt ist aus Atomen aufgebaut« kann deshalb nur ebenso allegorisch sinnvoll sein wie der Satz »Das Leben einer Zelle fängt mit dem Einsatz von genetischer Information an«.

Und was ist mit dem dritten Sinn aller Dichtung nach Dante, dem moralischen Sinn? Normalerweise wirft man der Wissenschaft vor, nur das Sein zu beschreiben und zum Sollen nichts beizutragen. Natürlich folgt aus der Existenz von Atomen keine Moral, auch wenn in der Antike einmal versucht wurde, aus der Tatsache, dass Menschen allein aus Atomen bestehen, den Schluss zu ziehen, dass sie tun könnten, was sie wollten. Trotzdem kennt die Wissenschaft den Schritt vom Sein zum Sollen, nämlich dann, wenn sie Personen als Eltern identifiziert und sie dadurch verpflichtet, für ihre Kinder zu sorgen. Und heutzutage braucht niemandem mehr erklärt zu werden, dass die Einsichten in den Zustand der Welt unmittelbar die Verantwortung zu nachhaltigem Handeln mit sich bringen, was ökologischen Texten in aktuellen Zeiten unmittelbar eine moralische Dimension verleiht.

Bleibt der anagogische Sinn, der eine Erhebung und einen Aufstieg meint und den Zugang zu einer Form von Wahrheit anspricht, die einen Menschen »zum Licht hin« führen kann. »Licht wird auch fallen auf die Geschichte des Menschen«, wie Charles Darwin am Ende seines epochalen Werks »Über den Ursprung der Arten« von 1859 meint und womit er seinem Buch eine anagogische Dimension gibt.

Sie gehört vielfältig zur wissenschaftlichen Literatur und findet sich zum Beispiel in »Mein Weltbild« von Albert Einstein. Hierin macht er deutlich, wie es dem naturwissenschaftlich entschlossenen Denken gelingt, immer wieder auf neue Geheimnisse zu stoßen, und dabei den Menschen das schönste Gefühl vermittelt, das er sich denken kann, das Gefühl für das Geheimnisvolle, mit dem alle Kreativität einsetzt. Die *Göttliche Komödie* der Neuzeit spielt sich in den Naturwissenschaften ab. Sie liefern eine unendliche Geschichte, die buchstäblich anagogisch wird.

Höllische Venus, paradiesische Erde, wandelbarer Mars – Dantes Jenseitsreiche im Spiegel der vergleichenden Planetologie

Von Bruno Binggeli

Das diesjährige große Dante-Jubiläum – 700 Jahre sind seit dem Tod des Dichters vergangen – fällt in eine sehr turbulente, fast möchte man sagen:»danteske« Zeit. Viele Errungenschaften der europäischen Aufklärung sind derzeit in Frage gestellt oder schon verloren gegangen; von einem »Rückfall ins Mittelalter« ist gar die Rede. Das könnte man so sehen, wenn man an die Glaubenskämpfe rund um»Gesundheit«,»Sicherheit« und»Freiheit« denkt, wo sich die Menschen scheinbar zwischen einem »ewigem Lockdown« (Hölle) und einem»ewigem Immunschutz« durch Impfung (Paradies) zu entscheiden haben. Sollten wir uns da nicht eher auf unsere Vernunftphilosophen besinnen, statt auf einen mittelalterlichen Dichter, der Himmel und Hölle besingt? Einverstanden – nur: Dante ist auch ein Vernunftphilosoph, wenn man unter Vernunft, um C. F. von Weizsäcker zu folgen, die»Wahrnehmung des Ganzen« versteht. Diese Vernunft, nicht zu verwechseln mit bloßer Ratio und Wissenschaftlichkeit, scheint uns gründlich abhanden gekommen zu sein. Wenn es um»das Ganze« geht, hat uns Dante einiges zu sagen.

Ich möchte hier eine etwas sonderbar anmutende Analogie zur Sprache bringen, die uns zunächst in kosmische Weiten schweifen lässt, am Ende aber wieder auf unsere irdische Problematik zurückwirft. Im Bestreben, den mythischen oder symbolischen Gehalt der modernen Astrophysik, letztlich den tiefenpsychologischen Antrieb dieser Forschung aufzudecken, habe ich früher Dantes Hölle mit einem Schwarzen Loch, sein Paradiso aber mit der lichtdurchfluteten Frühzeit des Universums verglichen.[1] Nun finde ich nicht nur die zwei »extremen«, sondern unter Hinzunahme des Purgatoriums alle drei Jenseitsreiche der *Göttlichen Komödie* in unserer näheren kosmischen Nachbarschaft, im planetarischen »Dreigestirn« Venus–Erde–Mars, aufs Schönste widergespiegelt: *Venus als Bild der Hölle, die Erde als Bild des Paradieses, Mars als Bild des Purgatoriums.*

Diese Analogisierung basiert allerdings auf einer mehrfachen Umdeutung der moralischen Werte oder Eigenschaften der drei Reiche. Statt um Vergeltung, die eine individuelle Seele nach ihrem Tod bei Dante zu gewärtigen hat – ewige Strafe in der Hölle, ewige Belohnung im Paradies, zeitlich begrenzte Sühne im Purgatorium –, soll es bei den Planeten schlicht um die realen Lebensbedingungen gehen, nicht bloß für Menschen oder die Menschheit, sondern allgemeiner für jegliche, noch so primitive Lebensform, für das Leben schlechthin.

Konkret ist Venus ein gänzlich lebensfeindlicher und insofern ein, nach alltäglichem Sprachgebrauch, »höllischer« Ort, während »Mutter« Erde, ungeachtet aller menschlichen Schicksale, prinzipiell ein Ort blühenden Lebens ist, ein biologisches »Paradies«; bei Mars finden wir einen dynamischen Zwischenzustand. Mir scheint, dass spätestens seit dem Raumfahrtzeitalter, bei Mars deutlich früher, die Grundkategorien der abendländischen, kollektiven Befindlichkeit unter ökologischen und moralisch-ethischen Aspekten mit diesen drei Planeten assoziiert bzw. unbewusst auf diese projiziert werden – ein fernes Echo der individualpsychologischen Jenseitsverheißung à la Dante?

Venus

»Venus ist ein äußerst ungastlicher Planet. Nicht nur, dass seine Oberfläche für Menschen unzugänglich ist, wir wissen noch nicht einmal, wie wir Robotersonden bauen sollen, die der Hitze und dem Druck länger als ein paar Stunden standhalten können. Man füge noch die korrodierende Wirkung von Schwefelsäurewolken und das düstere rote Licht hinzu, in das die Landschaft getaucht ist, und man hat ein perfektes Bild der Hölle.« So schrieb David Morrison, ein führender Planetologe, schon vor 25 Jahren.[2] Im Internet ist allenthalben von der »höllischen Schwester« oder dem »höllischen Zwilling« der Erde die Rede. Der Ausdruck »höllische Venus« ist fast schon zum Pleonasmus geworden.

Das war nicht immer so. Venus ist permanent und flächendeckend bewölkt; bis vor 60 Jahren konnte man frei darüber spekulieren, was sich unter dieser »ewigen« Bewölkung verbirgt. Da Venus der Sonne etwas nähersteht, sollte es dort auch wärmer sein, und falls die Wolken wie bei uns aus Wasserdampf bestünden (was falsch ist), würde man ein feucht-warmes, sogar besonders lebensfreundliches Klima erwarten: Venus als »urzeitliche Erde« – dampfende Sümpfe, undurchdringlicher Dschungel, bevölkert von allerlei Getier, womöglich Dinosauriern … Die Ernüchterung erfolgte durch erste Radiomessungen von der Erde aus, dann endgültig durch nahe Vorbeiflüge der ersten Sonden, die eine Oberflächentemperatur von über 400 Grad Celsius maßen (heutiger Wert: 462 Grad). Die Atmosphäre des Planeten besteht hauptsächlich aus CO_2, die undurchdringliche Wolkenschicht zum Teil aus Schwefelsäure, beides Produkte eines umfassenden Vulkanismus, der auch die Landschaft prägt. Der mächtige CO_2-Panzer führt am Boden zu einem Druck von rund 90 bar und ist auch verantwortlich für die große Hitze infolge eines katastrophalen Treibhauseffekts.

Düsternis, Hitze, Gestank, »dicke« Luft – das alles findet man natürlich bei Dante, dessen Hölle ebenfalls düster und verborgen ist (*infernus, inferno* = unter der Erde) und einem riesigen, heißen Vulkanschlund gleicht, in den man hinabsteigt. Dort unten wird auf verschiedene Weise »geschmort«: Ketzer liegen in glühenden Särgen, Mörder waten in siedendem Blut, auf Wucherer fallen glühende Flocken, Gauner werden in Pech gesotten etc. Aber wie jeder Danteleser weiß, ist der Boden seiner Hölle nicht feurig heiß, sondern eisig kalt! Es sind die Verräter, die schlimmsten aller Sünder, die dort im Eis stecken; im Zentrum der Erde, der Erzverräter Luzifer selbst. Diese Abweichung vom biblischen Feuerpfuhl ist Dantes Geniestreich: die Eiseskälte markiert allegorisch den absoluten Gegenpol zur göttlichen Liebesglut im himmlischen Paradies. Ohnehin ist Feuer real und allegorisch, ambivalent in seiner Wirkung: es kann zerstören und vernichten – aber auch reinigen; daher auch die deutsche Bezeichnung »Fegfeuer« für das Purgatorium.

Die wesentliche Parallele zwischen Hölle und Venus liegt in der Unumkehrbarkeit und Zeitlosigkeit des – insofern »eingefrorenen« – Zustands. Wer einmal in die Hölle gerät, kommt nie wieder heraus, ist verloren, denn die Höllenstrafe ist ewig. Venus wird ebenfalls nicht mehr aus dem Treibhauskäfig herausfinden, ist ebenfalls »verloren«, denn ohne Wasser, das sich offenkundig schon früh durch Verdampfung verflüchtigte, gibt es keine Kühlmöglichkeit mehr: ein Planet im ewigen Lockdown. Seitdem ein grundsätzlicher Zusammenhang zwischen Erderwärmung und steigendem CO_2-Gehalt der irdischen Atmosphäre als gesichert gilt, wird Venus gerne als Mahnmal einer gänzlich »gekippten Erde« hingestellt, eines höllischen Endzustands, auf den wir bei ungebremster Klimaerwärmung zusteuern würden.

Ein gekippter Planet ist Venus, mit einer Achsenneigung von 177,4 Grad, buchstäblich. Der Planet steht zwar fast genau senkrecht auf der Ekliptikebene, mit einer Abweichung von nur 2.6 Grad (= 180 minus 177.4 Grad), weshalb es auf Venus auch keine Jahreszeiten gibt; in Bezug auf den allgemeinen Drehsinn des Sonnensystems ist die Rotation jedoch retrograd, d. h. Venus dreht sich in umgekehrter Richtung (rückläufig, deshalb ca. 180 Grad für den Neigungswinkel); auf ihr geht die Sonne im Westen auf und im Osten unter, und dies äußerst langsam: ein Venustag dauert 116.8 irdische Tage. Keine Jahreszeiten, keine Tageszeiten, und alles verkehrt herum.

Eine gekippte Erde ist Venus auch ikonographisch, wenn wir uns die Planetenzeichen ansehen. Nach traditionellem Verständnis soll das Venuszeichen einen Handspiegel darstellen (runder Spiegel mit Handgriff), sicherlich ein passendes Accessoire der schönen Liebesgöttin. Die auffällige Spiegelsymmetrie zwischen Venuszeichen und Erdzeichen (Reichsapfel) wäre somit bloß zufällig. Ich fand es stets verwunderlich, dass diese merkwürdige Übereinstimmung in der Literatur gänzlich unerwähnt bleiben sollte. Nach längerer Suche stieß ich tatsächlich auf einen entsprechenden Hinweis im »Handbuch der Astronomie« von Rudolf Wolf (1892). Dort lesen wir auf Seite 456 zu Punkt 211 über die Planetenzeichen: »In Beziehung auf das Venuszeichen sagte Georg Philipp Harsdörffer (1607-1658, Ratsherr in Nürnberg) in seiner Fortsetzung der Schwenterschen ›Deliciae‹ launig: *Venus ist ein umgewendeter Reichsapfel, weil ihr Reich sich über alles Fleisch erstrecket, jedoch unter sich und zum bösen.*« Hier treffen wir offensichtlich auf die kirchliche, patriarchalische Verteufelung des Weiblichen, der Sexualität, die auch das mythologisch einst positive Bild der Venus (Aphrodite) ins Negative kehrt und anschwärzt.

Diese Umwertung mag zum Teil auch an einer unglücklichen Verkettung biblischer Textstellen liegen. Venus erscheint uns bekanntlich abwechselnd als Morgenstern und

Abendstern. Morgenstern ist im Griechischen *phosphoros*, im Lateinischen *Lucifer* (Luzifer), wörtlich übersetzt der »Lichtbringer« oder »Lichtträger«. Daran ist noch nichts Negatives, im Gegenteil, Luzifer wurde oft für einen Beinamen Christi gehalten, denn in der Offenbarung des Johannes vergleicht sich Christus selbst mit dem strahlenden Morgenstern (Offenbarung 22, 16). Aber da gibt es eben diese Stelle im Buch Jesaja (14, 12-15): »Wie bist du vom Himmel gefallen, du schöner Morgenstern…« (Lutherübers.). Jesaja verspottet den Hochmut des Königs von Babylon und vergleicht den König allegorisch mit dem schönen Morgenstern, der hinabgeworfen wird. Venus als hell leuchtender Morgenstern ist nur kurz vor Sonnenaufgang sichtbar: dann wird das »hochmütige« Gestirn völlig überstrahlt durch die Sonne, den »wahren König des Himmels«, und rasch unsichtbar, gleichsam vom Himmel gejagt. Das wirft einen ersten Schatten auf Venus; Allegorien funktionieren manchmal in beiden Richtungen. Aber richtig schlimm wird es erst durch die Verknüpfung mit einer anderen Bibelstelle. Im Lukasevangelium (Lukas 10, 18) findet sich folgende Aussage von Jesus: »Ich sah den Satan vom Himmel fallen wie einen Blitz« (Lutherübers.). Daraus folgte mit der Zeit die vereinfachende Gleichsetzung von Luzifer = Satan. Seit dem Mittelalter ist Luzifer (also eigentlich Venus!) einfach ein anderer Name für den Teufel. So auch bei Dante, bei dem Luzifer als »Fürst des Bösen« ins Zentrum der Hölle gesteckt wird.

Erde

Für die meisten Menschen ist das irdische Dasein alles andere als »paradiesisch«, man braucht bloß an die Lebensumstände in der dritten Welt zu denken. Nimmt man jedoch das Leben als solches in den Fokus, dann kann man nicht umhin, die Erde, im Vergleich zu allen andern bekannten Planeten, als »Paradies« zu bezeichnen. Die Kostbarkeit und vielleicht Einmaligkeit unserer kosmischen Heimat, dieser Lebensoase im All, wurde uns überdeutlich, fast schockartig vor Augen geführt, als die Mondfahrer erste verschwommene Globalansichten der Erde übermittelten. Bilder, auf denen die betörend schöne *blue marble* über der öden Kraterlandschaft des Mondes schwebt, haben Ikonenstatus.

Für den Homo sapiens mag die Erde ein »fragiles« Paradies sein, ein Paradies, aus dem er durch falsches Tun »vertrieben« werden kann – für das Leben in seiner Gesamtheit, zumindest in seinen primitivsten Formen, gilt dies sicher nicht oder nicht in absehbarer Zeit, egal was wir Menschen anstellen. Ein »echtes« Paradies ist schließlich auch nicht »fragil«, sondern ewig bzw. zeitlos wie die Hölle (freilich als Zustand der Gnade, nicht der Strafe). Offenbar sind die für das Leben auf der Erde günstigen Bedingungen über Milliarden Jahre hinweg einigermaßen konstant geblieben, ein Umstand, den man auf die überraschend große Stabilität des irdischen Klimas zurückführt. Überraschend deshalb, weil die Leuchtkraft der Sonne seit ihrer Entstehung bis heute kontinuierlich um ca. 30% angestiegen ist. Wir wissen heute, dass die Urerde von damals (vor 3-4 Milliarden Jahren) bereits flüssiges Wasser beherbergte und nicht nur Eis, wie man erwarten würde; vermutlich war einfach der CO_2-Gehalt und damit auch der Treibhauseffekt größer als heute. Aber dann muss die Erde es irgendwie »geschafft« haben, bei steigender Sonneneinstrahlung der drohenden Verdampfung des Wassers zu trotzen und kühl zu bleiben. Auf welche Weise dies geschah und noch geschieht, ist Gegenstand der aktuellen Forschung. Es wird eine Reihe von komplexen Stoffzyklen und Rückkopplungsprozessen dafür verantwortlich gemacht, so »sinnreich« ineinandergreifend, dass manche Forscher die irdische Biosphäre als eine Art Superlebewesen verstehen wollen, das sich selbst erhält und reguliert – bekannt unter dem Namen *Gaia*-Hypothese. Unabhängig davon, ob man so weit gehen will, der Schlüssel des ganzen »Wunders« liegt zweifellos im nachhaltigen Vorhandensein von flüssigem Wasser, der wichtigsten Bedingung für die Entwicklung von Leben überhaupt, zumindest in der uns bekannten Form. Die »Bewohnbarkeitszone« *(habitability zone)* um Sterne herum, allseits bekannt aus Berichten über neu entdeckte »extrasolare Planeten«, wird deshalb definiert als Zone, in der flüssiges Wasser prinzipiell vorkommen kann. Nicht verwunderlich, liegt einzig die Erde in der relativ schmalen, ringförmigen Bewohnbarkeitszone des Sonnensystems (wir sehen hier ab von gewissen Jupitermonden, die tief unter ihrer eisigen Oberfläche ebenfalls flüssiges Wasser bergen). Unsere Nachbarplaneten verfehlen die Zone, Venus steht der Sonne etwas zu nah, Mars etwas zu fern.

Paradiese gibt es bei Dante gleich dreierlei: zunächst einmal das »irdische Paradies« auf dem Gipfel des Läuterungsbergs, wohin die »geretteten« Seelen nach erfolgter Läuterung gelangen, dann das daran anschließende »himmlische Paradies« im ätherischen Raum der Gestirnsssphären und schließlich das eigentliche, »transzendente Paradies«, jenseits von Raum und Zeit, dem »endgültigen« Sitz der Seligen im göttlichen Empyreum. Aber die drei sind eben doch eins, denn einmal im irdischen Paradies angekommen, fleckenlos gereinigt und aller Sündenschwere entledigt, schwebt eine Seele irgendwann gen Himmel und zu Gott, so wie eine Luftblase unter Wasser von selbst nach oben steigt. Wir halten uns deshalb ans irdische Paradies, den Garten Eden, dessen Gipfelposition, gleich einer »Götterzone«, für permanent optimale Lebensbedingungen steht, ein Ort der Symbiose und des Friedens für alle Lebewesen, der zeitlosen Fülle, wo nie Mangel herrscht und es keinerlei Anstrengungen bedarf; fern aller Witterungsabhängigkeit herrscht ewiger Frühling, es weht ein sanftes Lüftchen, und dennoch fehlt es nicht an Wasser, im Gegenteil, hier entspringen die berühmten Paradiesflüsse, in deren Quellen der Pilger Dante ein Bad nimmt … Aber ich glaube, inzwischen ist die Analogie klargeworden.

Mars

Was der »rote Planet« mit dem Purgatorium zu tun hat, ist etwas schwieriger zu sehen. Ich erinnere an dieser Stelle daran, dass Analogien keine kausalen Zusammenhänge aufspüren können oder wollen; beim Analogisieren werden nichtkausale Zusammenhänge erst geschaffen, und dies meist ganz unwillkürlich und spielerisch, indem Dinge aufgrund gewisser Eigenschaften als ähnlich wahrgenommen (»gesehen«) werden, »in Resonanz« zueinanderkommen – oder eben nicht. Man gewinnt keine wissenschaftlichen Erkenntnisse dabei; Analogien sind, ähnlich wie Mythen oder Symbole, ein Werkzeug der Sinnbildung, der Sinnverdichtung, es werden Fäden gesponnen, die der geistigen Weltaneignung dienen.

Nach dieser Apologie nun zu Mars. Mars ist trotz seiner deutlich geringeren Größe der erdähnlichste Planet im Sonnensystem. Rotationsdauer und Achsenneigung sind fast identisch zur Erde. Schon ein kleineres Teleskop offenbart Polkappen und jahreszeitliche Veränderungen (wobei ein Marsjahr fast zwei irdische Jahre dauert), was früh schon zu Spekulationen über Marsbewohner führte. Bei einer durchschnittlichen Oberflächentemperatur von -63 Grad Celsius, einem Luftdruck von weniger als einem Hundertstel bar und einer Atmosphäre, die wie die venusische fast gänzlich aus CO_2 besteht, scheint Mars dennoch eher lebensfeindlich zu sein; aber sicher ist das nicht. Bevor ich weiter darauf eingehe, möchte ich eine verblüffende, rein figürliche Parallele zwischen Mars und Dantes Purgatorium vorstellen.

Bei Dante hat das Purgatorium, die »Reinigungsanstalt« für die Verstorbenen im Jenseits, bekanntlich die Form eines Bergs, eines »Läuterungsbergs«, der auf der damals unbekannten Südhalbkugel der Erde mitten aus dem Meer ragt. Auf sieben Simsen, entsprechend den sieben klassischen »Todsünden«, büßen die Seelen für ihre schlechten Neigungen, bis sie, selbst »zurechtgebogen«, ins Gipfelparadies gelangen. Die Berggestalt ist allegorisch sehr sinnreich, denn Läuterung bedeutet Arbeit, Mühsal, Leiden, sie verlangt eine Willensanstrengung, es ist ein Kampf gegen die »Sündenschwere«, so wie das Erklimmen eines Bergs ein Kampf gegen die Schwerkraft bedeutet.

Nun will es der »Zufall«, dass sich auf Mars der höchste Berg des ganzen Sonnensystems befindet: *Olympus Mons*, ein mächtiger Schildvulkan, der »unseren« Mount Everest fast dreifach überragt. Die Namensbezeichnung geht auf den italienischen Astronomen Giovanni Schiaparelli zurück, der 1879 auf dem Planeten einen schneebedeckten Berg zu sehen vermeinte und von *Nix olympica* (olympischem Schnee) sprach. Passt das nicht wunderbar zu Dantes Läuterungsberg, mit seinem Paradiesgarten auf dem Gipfel, der genauso gut ein Wohnsitz antiker Götter sein könnte? Selbst der Flammenwall, der den Paradiesgipfel umrahmt und als letzte Reinigungsstufe durchschritten werden muss, findet im Vulkanfeuer einen Widerpart. Olympus Mons ist der größte einer ganzen Reihe von Vulkanen auf dem sogenannten »Tharsis Buckel«, und eine plausible Hypothese der Planetologen erwägt als Ursache für die Bildung dieser Formation ein frühes Impaktereignis. Danteleser wissen natürlich, dass die Entstehung des Läuterungsbergs ebenfalls auf ein frühes Impaktereignis zurückgeht: den legendären Sturz Luzifers.

Aber besinnen wir uns auf das Wesen des Purgatoriums. Das Purgatorium, als Arena der zeitlich befristeten Buße, von den Himmelsaspiranten begrüßt und gewollt, was uns berechtigt, von einem Kampf zu sprechen, versinnbildlicht eine Zwischenstation auf dem Weg ins verheißene Paradies der Leichtigkeit. Auf den Aspekt der »Fruchtbarkeit« (oder Lebensverträglichkeit) der Himmelskörper übertragen, hätten wir es mit einem Planeten zu tun, der gegen den Klima-Lockdown »kämpft« und Gaia werden »will« (ich weiss, Planeten kämpfen nicht und wollen nichts). Nicht nur, dass Mars, der römische Kriegsgott mit Schild und Speer im Zeichen, rein mythologisch für Kampf steht –, auch die Planetologie zeichnet für unseren äußeren Nachbarn eine wechselvolle, bewegte Geschichte nach, die man durchaus als »Kampf um Leben« sehen könnte.

Mars ist heute eine kalte und tote Wüste, oberflächlich betrachtet, so »höllisch« wie Venus, nur mit entgegengesetztem Vorzeichen; aber der Eindruck täuscht. Schon vor bald 50 Jahren erbrachten die Marssonden klare Evidenz dafür, dass flüssiges Wasser einstmals reichlich vorhanden war. Bilder von ausgetrockneten, weit verzweigten Flusssystemen zeugen von Regenfällen in der fernen Vergangenheit. Es muss, vor über drei Milliarden Jahren, auf Mars viel wärmer gewesen sein, fast erdähnlich, mit Seen und Meeren, vielleicht begann sogar eine biologische Evolution. Aber dann ging dieses »Kurzzeitparadies« verloren. Möglicherweise hat sich das flüssige Wasser selbst die Existenzgrundlage entzogen, indem es der Atmosphäre durch den Prozess der Verwitterung das Treibhausgas CO_2 und somit die Wärme entzog. Was sich bei der Erde günstig auswirkt, ist bei unserem weniger sonnenverwöhnten Nachbarn zu viel des Guten, ja fatal. Mars musste nach und nach vergletschern, jetzt liegt sein Wasser in einem dicken Permafrost unter dem Boden gefangen, die Polkappen lassen es erahnen. Flüssiges Wasser hat es schwer unter den jetzigen Verhältnissen, auch wenn von gelegentlichem »Herausprudeln« berichtet wird. Die

Frage nach Leben ist noch nicht endgültig beantwortet und sie ist natürlich der Treiber der ganzen Marsforschung. Primitive Lebensformen, sei es in fossilierter oder aktiver Form, können nicht ausgeschlossen werden, denn Mars ist zumindest *potentiell lebensfreundlich*. Dennoch scheint der »Kampf um Leben« fürs Erste verloren und *Gaia* in weiter Ferne – fürs Erste, weil die Sonne über Aeonen an Leuchtkraft zulegen und die *habitability zone* entsprechend nach außen wandern wird ..., wer weiß!

Vielsagender ist vielleicht unser (abendländisches) Interesse an Mars, das fast schon manische Züge aufweist. Dass andere Planeten, nicht nur unseres Sonnensystems, bewohnt sein könnten, war seit dem frühen 17. Jahrhundert eine gängige Hypothese.[3] Marsianer waren nichts Neues, als der bereits erwähnte Giovanni Schiaparelli, einer der angesehensten astronomischen Beobachter Europas, 1877 durch die Publikation seiner Marsbeobachtungen mit den linienförmigen Strukturen, die er *canali* nannte, einen jahrzehntelangen *hype* auslöste. Schiaparelli dachte zunächst an natürliche, nicht an künstliche »Marskanäle«, aber schließlich erlag auch er der fantastischen Vorstellung einer hochentwickelten Zivilisation, die mittels ausgeklügelter Hydraulik, einem umfassenden Kanalsystem eben, Wasser von den Polen ins trockene Äquatorgebiet leiten würde, um ihr Fortbestehen zu sichern – eine Zivilisation im Überlebenskampf! In einer Schrift von 1893 ging Schiaparelli so weit, uns Erdlingen diese Marsianer als moralisch überlegene Rasse, als zivilisatorisches Vorbild hinzustellen: *Marte potrebbe diventare anche il paradiso dei socialisti* (›Mars könnte auch das Paradies der Sozialisten werden‹), ist da zu lesen[4] – die Läuterung der Menschheit, als sozialistische Utopie auf Mars projiziert! Schiaparelli erwähnt dabei sogar Dantes politische Theorie in *De Monarchia* und schließt mit einem Zitat aus der *Göttlichen Komödie*.

Irgendwann wurde klar, dass man einer optischen Täuschung aufgesessen war. Entsprechend legte sich die Marsbegeisterung, aber nur, um im Raumfahrtzeitalter umso heftiger wieder aufzuflammen. Kein Planet wurde und wird häufiger besucht, bis dato sind es über fünfzig »Marsmissionen«. Die Marsianer sind *out*, aber die Suche nach (Spuren von) Wasser und Leben auf dem roten Planeten hat denselben Unterhaltungswert, erst recht die Diskussion um einen baldigen Flug zum Mars. Das hat alles seine Berechtigung. Bei futuristischen Plänen jedoch, vorerst reinen Gedankenspielen, eines »Terraforming«, nämlich einer Umwandlung von Mars in eine blühende Landschaft, in ein irdisches Paradies, durch eine massive »Impfung« (!) mit Treibhausgas zwecks Erwärmung, letztlich einer »erzwungenen Läuterung« des Planeten, da kommt ein ungutes Gefühl auf.

»Terraforming«, »Geoengineering«, »Transhumanismus« – solche menschliche Hybris erinnert mich an eine der großartigsten, eindrücklichsten Szenen der *Göttlichen Komödie*: Ulisses Irrfahrt und Schiffbruch im 26. Gesang des *Inferno*. Ulisse, Dantes geniale Umdeutung des griechischen Helden zu einem Abenteurer und Vorboten der neuzeitlichen Entdeckungsreisen, fährt nicht nach Hause, sondern über die Säulen des Herkules (Gibraltar) hinaus, ins offene Meer, indem er seinen Leuten einheizt: *Fatti non foste a viver come bruti,/ ma per seguir virtute e canoscenza* (Geschaffen wart ihr nicht, damit ihr lebet wie die Tiere, vielmehr um Tugend und Erkenntnis anzustreben)[5] – nur um dann kläglich an den Ufern des hoch aufragenden Läuterungsbergs zu zerschellen. Sterblichen ist der direkte Zugang dorthin verwehrt – es gibt keine Abkürzung, keinen gewaltsamen Zugang zum Paradies. Ulisses Schiffbruch steht für das Scheitern eines (natürlichen) Forschungsdrangs, der keine Schranken und keine Lenkung kennt, der sich nicht an der Vernunft, nicht am »Ganzen« orientiert.

Anstelle eines Fazits, hier das erwähnte Schlusszitat bei Schiaparelli (Dantes *Paradiso* X, 25):

Messo t'ho innanzi: omai per te ti ciba (Ich habe dir aufgetischt: Speisen musst du nun selbst).

[1] Bruno Binggeli: *Primum Mobile – Dantes Jenseitsreise und die moderne Kosmologie*, Zürich 2006.

[2] David Morrison: *Planetenwelten – eine Entdeckungsreise durch das Sonnensystem*, Heidelberg 1995, S. 83.

[3] Michael Crowe: *The Extraterrestric Life Debate 1750-1900*, Cambridge 1986 (auch für »Marskanäle«)

[4] Giovanni Schiaparelli: *La vita sul pianeta Marte*, 1893, p.45 (online verfügbar).

[5] Dante Alighieri: *La Commedia / Göttliche Komödie*, Übers. u. Kommentar H. Köhler, Stuttgart 2010.

Dante, der Seelendoktor

Von Sebastian Helm

Zweifellos wäre es unterkomplex, würde man versuchen, die gesamte *Göttliche Komödie* auf nur einen Aspekt, wie den psychologischen, zu reduzieren. Viele Ebenen treffen in diesem monumentalen Werk aufeinander und viele Deutungen bieten sich an und scheinen gerechtfertigt. Aber doch wird der psychologischen Dimension fast zu wenig Beachtung geschenkt. In einer der populäreren Sekundärlektüren zu Dante, Kurt Flaschs »Einladung, Dante zu lesen«, gibt es zumindest keinen dezidierten Abschnitt, der sich ausschließlich mit diesem Themenbereich beschäftigt. Andere Faktoren, wie politische Interessen, wirtschaftliche Interessen, historische Zufälligkeiten mit ihren Konventionen wie Genres und intellektuellen Diskursen lösen die Psyche zwischen sich auf und machen sie zu einem Geist. Jedoch Geist im Sinne von Schemen, Gespenst, nicht im Sinne von *spiritus*. Eine rein zufällige Form, die sich nur unter einem bestimmten Blickwinkel zeigt, aber nicht aus sich selbst heraus *ist*. Die Illusion eines Blickes auf den Flügeln eines Schmetterlings, bloße Funktion der natürlichen Auslese.

Sigmund Freud und Carl Gustav Jung gehören zu den bekanntesten Vertretern einer der Ursprungsdisziplinen der Psychologie, der Tiefenpsychologie. Sei es im therapeutischen Gespräch oder im inneren Dialog, die Behandlung psychischer Leiden wird vordergründig durch das Wort angestrebt. Das Ziel ist es, ein denkendes, fühlendes Ich mit seinem dazugehörigen Unbewussten in Kontakt zu bringen, damit es von diesem nicht unbemerkt beeinflusst wird. Das unterscheidet die Tiefenpsychologie von der heute das Feld dominierenden kognitiven Verhaltenstherapie, welche Heilung vor allem in einer Anpassung der äußerlich sichtbaren Handlungen anstrebt. Hier steht, was »richtig« ist, schon im Vorfeld fest und muss vom Subjekt nur noch umgesetzt werden.

Freud und Jung hatten voneinander stark abweichende Theorien über die Natur dieses Unbewussten, und im Folgenden wollen wir uns ansehen, welche Geschichten sich über ein Stück Weltliteratur erzählen lassen, wenn man einige ihre Gedanken an es heranträgt. Meine Damen und Herren, Dantes Komödie beim Seelenklempner.

Dantes Komödie ist eine persönliche Reise. Dante schreibt nicht über einen bekannten Heiligen oder über eine fiktive Gestalt. Die Person, die die Reise unternimmt, ist er selbst in jüngeren Jahren, und der Autor der Komödie ist dessen zukünftiges Ich. Die Ausgangslage der Handlung ist Dante als fünfunddreißigjähriger Mann, wie er sich, vom rechten Weg abgekommen, vor einem dunklen Wald findet, bedroht von wilden Bestien. Doch er ist nicht vollkommen hoffnungslos, denn ihm zur Hilfe kommt der von Dante verehrte römische Dichter Vergil. Beide betreten über ein Tor, welches von ominös bedrohlicher schwarzer Schrift gesäumt ist, den Vorhof der Hölle, denn dies ist der einzige Weg, der Dante bleibt. Dass der Eingang der Unterwelt sprachlich assoziiert wird, ist für einen lacanianischen Blick (Lacan, der französische Freud, nach dessen Theorie die Sprache den Menschen zugleich bindet und befreit, vor allem aber von einem außersprachlichen »Realen« radikal trennt – das Unbewusste selbst ist sprachstrukturiert) natürlich auffällig.

Die Hölle ist kein einsamer Ort, in ihr begegnen Dante zahlreiche »Schatten«, die Seelen Verstorbener, die entweder aufgrund persönlicher moralischer Laster oder aus einer gewissen Tragik heraus (ungetaufte Kinder, »edle Heiden«) zur Seelenfolter bestimmt sind. Schlauchartig winden sich die neun Höllenkreise. Jede Sünde und die mit ihr korrespondierende Strafe steigern mit jeder Rundung ihre Intensität. In der Hölle stinkt es, und auch sonst finden sich keine angenehmeren Adjektive, um diesen Ort zu beschreiben. Aus einer freudianischen Traumperspektive fällt die Parallele zum menschlichen Darm auf, der symbolisch alles Verstoßene beheimatet. Schließlich erreichen sie das Zentrum der Erde und damit auch des Bösen, wo ein gigantischer Luzifer bis zur Brustmitte eingefroren auf den Leibern der (für Dante) übelsten Verräter herummümmelt. Das Dichterduo klettert an diesem Ungetüm hinab, überquert den Erdmittelpunkt, wodurch Oben und Unten vertauscht werden, und klettert an den Beinen wieder hinauf in das Purgatorio.

Die Stimmung hier ist deutlich besser; Seelen, die die Windungen des Läuterungsberges hinaufklettern, verbringen damit eben so viel Zeit, wie sie selbst für angemessen empfinden. Ganz anders als die Strafen des Infernos, welche unverhandelbar sind. Von einem Engel werden Dante sieben Zeichen auf die Stirn eingeritzt, welche nach und nach mit jeder Sünde, von der sich Dante reinwäscht, auch wieder verschwinden. An der Spitze des Berges befindet sich das irdische Paradies, jener Ort, der Adam und Eva ursprünglich zugesprochen wurde und als Heimat diente. Vergil und Dante müssen sich hier trennen, da Vergil als Heide nicht in diese oberen Sphären aufzusteigen vermag. Er ernennt Dante jedoch zuvor noch zum König und Papst seiner selbst.

Nachdem Dante vom Fluss Lethe getrunken hat, ist er bereit, auf Beatrice zu treffen. Sie schilt ihn wutentbrannt und erbarmungslos für seine Treulosigkeit, doch übernimmt sie die nach Vergils Abschied vakant gewordene Position als Dantes Führer. Sie lassen die Erde hinter sich, während sie in die himmlischen Planetensphären transportiert werden. Ebenfalls neun Kreise präsentieren nun vom Christentum geheiligte Personen, mit Gott als aristotelischem unbewegtem Beweger an ihrem Ende und dem Empyreum, dem geistigen Himmel der Seligen, dahinter. Hier ist es auch, wo Dante, von einem seiner Vorfahren übermittelt, über seinen Auftrag, die *Göttliche Komödie* zu verfassen, informiert wird. Dante als Prophet. Schließlich vermittelt über die die Gottesmutter Maria die kurzweilige Gottesschau. Wie zuvor schon bei Beatrice versagen dem Autoren Dante Erinnerung und Sprache, und er kann den Leser nicht detailliert daran teilhaben lassen, was er gesehen hat. Ein Lacanianer würde dies als Einbruch des Realen in die sprachliche Ordnung werten, das Auflösen des Selbst, aber es ist auch Ausdruck des literarischen Erfinders, der sich vor dem Problem sieht, etwas zu beschreiben, was das Menschsein transzendiert und damit a priori nicht von einem menschlichen Mund (oder Stift) an menschliche Ohren (oder Augen) weitergegeben werden kann. So bleibt die Lacuna der Sprache der einzige Hinweis auf etwas hinter der Sprache.

Nachdem wir jetzt den Plot der Komödie in unseren Kurzzeitspeicher geladen haben, wollen wir versuchen, eine psychoanalytische Geschichte über diese Geschichte zu erzählen. Für Freud ist die persönliche Historie für die Entwicklung des Unbewussten ausschlaggebender als für Jung, da für Freud die realen zwischenmenschlichen Beziehungen den Menschen prägen, welche durch anthropologische Bedürfnisse angelegt sind, wogegen Jung den Menschen durch potentiell ewige Archetypen geprägt sieht, welche, mehr noch als bei Freud, universell menschlich sind. Damit sieht Jung das Wesen des Menschen unabhängiger von seinen Artgenossen und damit unabhängiger von Gesellschaften und Kulturen als Freud, was ihn zu einem Fan-Favouriten der *Super geheimen Gesellschaft der Introvertierten der Welt* (SGGDIDW) macht.

Wenn wir Freud in diesem Aspekt folgen und annehmen, dass die frühesten zwischenmenschlichen Beziehungen von höchster Wichtigkeit sind, müssen wir festhalten, dass der frühe Verlust beider Elternteile für den historischen Dante ein stark prägendes Ereignis gewesen sein muss. Seine Mutter starb, als er ca. 5 Jahre alt war, was nach Freuds psychosexuellem Modell in die ödipale Phase fällt. Seinen Vater verlor der heranwachsende Dante mit ca. 17 Jahren, einem Alter, in welchem eine Person verstärkt geistiger Anleitung bedarf, um sich in die Gesellschaft der Erwachsenen mit ihren Aufgaben und Forderungen einzugliedern.

Zur literarischen Beatrice korrespondiert eine reale Person, welche auf Dante außerordentlichen Eindruck gemacht haben muss und in die er sich wohl unsterblich verliebte. Diese reale Beatrice starb in seinem 25. Lebensjahr. Dass dieses Ereignis einen derart drastischen Einschnitt für Dante bedeutete, legt nahe, dass über Beatrice das ursprüngliche Trauma des Mutterverlustes wiederbelebt wurde. Dante sucht direkt darauffolgend Trost in der Philosophie und beginnt sein intellektuelles Leben, wie Flasch meint, relativ spät. Er startet eine politische Laufbahn und wird in seiner Heimatstadt Florenz zu einer öffentlichen Person. In Folge des ganz Italien spaltenden Konflikts der Ghibellinen und Guelfen wird Dante schließlich aus Florenz verbannt und später zum Tode verurteilt. Er kehrte nie wieder nach Florenz zurück.

Die zusammenfassende Diagnose sieht wie folgt aus (obwohl an dieser Stelle zugestanden werden muss, dass wohl eine gute Prise Mutmaßung im Spiel ist): Dante verlor beide Elternteile zu Schlüsselzeitpunkten seiner Persönlichkeitsentwicklung. Die Gesellschaft seiner Heimatstadt war von Konflikten zerrissen, und die große Liebe zu einer Frau, welche das Trauma des Mutterverlustes in ihm wiedererweckte, wurde von Dante nicht nur ausschließlich in der Imagination ausgelebt, sondern letztlich durch den Tod Beatrices vollständig unmöglich gemacht. Dante suchte daraufhin geistigen Halt und Trost in der antiken Philosophie und Theologie seiner Zeit, wird, als sich die gesellschaftlichen

Konflikte zuspitzen, aus seiner Heimatstadt verbannt und beginnt mit Anfang Vierzig im Exil, unter dem er stark leidet, die *Göttliche Komödie* zu verfassen.

Die Komödie ist nun ein Amalgam aus all dem Genannten und als genuine Synthese mehr als ihre Einzelteile. Sie ist der Versuch, eine schlüssige Weltauffassung zu kreieren, welche die intellektuellen Konflikte Dantes aussöhnt, seine stabilitätsgefährdenden narzisstischen Verletzungen durch die unterbrochene Mutter-Kind-Beziehung (und den Verlust seiner Heimat) heilt und letztlich die Persönlichkeit befähigt, im Ideal der augustinischen Caritas einen gesunden, liebevollen, mehr oder weniger selbstlosen Anschluss an die Gesellschaft herzustellen. Was für ein Projekt. Beginnen wir wieder in der Hölle.

Jungianisch gesprochen ist es unabdingbar für eine Persönlichkeit, die das Ziel der Individuation anstrebt – also eine gewisse Autonomie gegenüber inneren und sozialen Beeinflussungen – dass diese sich auch mit dem Schlimmsten, Übelsten beschäftigen muss, was die Seelenwelt produzieren kann. Jede Progression setzt eine Regression voraus, ein Baum, dessen Krone in den Himmel ragt, muss seine Wurzeln in der Hölle haben. Für Freud ist es ähnlich. Der Ursprung jeder Neurose, also einer Fehlanpassung an die Welt, liegt in verdrängten Konflikten, und nur eine biographische Neuerkundung und dadurch Neuerzählung der eigenen Biographie im therapeutischen Gespräch kann Erkenntnis und Linderung verschaffen. Das Inferno mit seiner Bildgewalt legt eine jungianische, archetypische (urbildliche) Deutung gewisser Weise nahe, jedoch kann nicht übersehen werden, wie stark es von den persönlichen Erfahrungen und der sozialen Kodierung Dantes überladen ist.

Antike Mythologie und Philosophie treffen auf christliche Theologie. Die Sünden werden nach Aristoteles' Ethik organisiert dargestellt, gepeinigt von mythologischen Figuren in Einklang mit dem Gesetz der Hölle, dem Contrapasso, nach welchem jede Sünde ihre Strafe schon impliziert. Die Figur Vergils, welche Dante bis zum Ende des Läuterungsberges begleiten wird, ist ebenso ein Kapitel für sich. Die grundsätzliche Funktion, die er erfüllt, ist die einer positiven männlichen Transferenzfigur. Das bedeutet, dass Vergil der Prototyp für eine idealisierte männliche Person ist, welcher die Rolle zukommt, funktionelle Mängel in der realen (historischen) Vater-Kind-Beziehung Dantes zu verarbeiten. Ziel der Verarbeitung ist es für Freud zwar auch, verdrängte infantile Wünsche als solche anzuerkennen, ganz nach dem Motto »wo *Es* war soll *Ich* werden«, um den Patienten von neurotischen Verhaltensmustern zu befreien, aber auch die Vater-Kind-Beziehung als solche zu internalisieren und zu einer positiven, inneren Stimme umzugestalten. Es ist nämlich in der Tat nicht nur so, dass fehlerhafte Eltern-Kind-Beziehungen Schäden hinterlassen, vor allem überdecken diese Schäden auch den strukturellen Mangel, das Fehlen einer positiven Beziehung.

Die Tatsache, dass es eben der römische Dichter Vergil ist, und kein Vertreter des christlichen Kanons, spricht dafür, dass die Philosophie als solche, also das intellektuelle Leben des Geistes, für Dante die Funktion erfüllte, welche sein Vater durch seine todesgeschuldete Abwesenheit nicht mehr erfüllen konnte und zu Lebzeiten wohl nur unvollkommen realisierte. David Black merkt an, dass Dante in *Convivio*, ein Werk, welches er einige Jahre vor der Komödie, aber zeitnah nach seiner Verbannung aus Florenz geschrieben hat, offenlegte, dass die Philosophie eben jene Geliebte war, welche ihn nach Beatrices Tod verführte, und es ist auch diese Beziehung, wegen welcher sie ihm im irdischen Paradies zürnt.

Die Textstellen, welche Vergil als Vaterfigur plausibel machen, sind zahlreich. Direkt nach ihrem ersten Treffen ruft Dante aus: »Du bist mein Meister und mein geistiger Vater«. Dante wird von ihm gehalten wie ein Kind, geschützt, getröstet, informiert und vor allem geführt. Vergils Zeit ist jedoch begrenzt, er nimmt strikt eine Vermittlerposition ein. Wenn man Dantes historisches Leben mit dem Auftreten der Figuren Vergil und Beatrice vergleicht, ergibt sich folgendes Bild: Historie: Beatrice stirbt, Dante flüchtet in die Welt der Philosophie, Komödie: Dante ist vom Weg abgekommen, bedroht von Bestien in der Dunkelheit des Waldes, er findet Halt und Geleit in Vergil.

Beatrice wiederum war es, welche überhaupt, aus dem Paradies heraus, Vergil dazu bewegte, Dante zu Hilfe zu eilen, der sich in einem Zustand befand, den man psychoanalytisch nur als depressiv bezeichnen kann – ein Mangel an Liebe. Poetisch schön daran ist die Tatsache, dass der heidnische Vergil, der Verstandesmensch, selbst nicht bis in den Himmel zu Beatrice vorzudringen vermag. Folglich muss Beatrice selbst es gewesen sein, die sich auf den Weg gemacht hat, um Vergil in der Hölle in die Spur zu schicken. Die Liebe selbst war es also, welche ihre Hand ausstreckte und bis in die tiefste Dunkelheit vordrang, um das von ihr Geliebte zu schützen.

Wieso Beatrice dann nicht direkt zu Dante gesprochen hat, lässt sich leicht erklären: es ist schlicht nicht das, was in Dantes Biographie passiert ist. Nachdem der Idealisierungsprozess, welcher in Dante in Gang gesetzt worden war, um seine gestörte Mutter-Kind-Beziehung zu reparieren, mit Beatrices Tod sein jähes Ende fand, kam die Liebe nicht wieder direkt in Dantes Leben. Jedoch, rückwirkend betrachtet – denn schließlich wird Dante einen Weg finden, den Prozess abzuschließen – lässt sich das Training und der Halt, den er durch die Philosophie fand, durchaus als durch die Liebe motiviert verstehen. Ebenso übernimmt Vergil die (zu Dantes Lebzeiten gesellschaftlich aktuelle) Funktion des Vaters, den Spross in den Bereich der weiteren Gesellschaft zu leiten.

Die Gesellschaftskritik, welche durch die Auswahl an Sündern in den Höllenkreisen von Dante ganz unverhohlen geübt wird, lässt sich einfach freudianisch als Wunscherfüllung und narzisstische Selbstaufwertung durch Fremdabwertung lesen. Indem Dante die Personen, welche ihm zu Lebzeiten Unrecht antaten, in das Inferno verbannt, stellt er Gott indirekt auf seine Seite und erhält dadurch moralische Satisfaktion. Und moralische Satisfaktion fühlt sich ungefähr so gut an, wie am langen Ende des Schlamassels eines Bekannten stöhnend ausrufen zu können: »Siehst du, das hab ich dir ja gleich gesagt!« Also Pi mal Daumen so gut wie dreizehn Orgasmen auf einmal. Plus minus zwei. Jungianisch gelesen beinhaltet das Inferno alles das, was Dante an sich selbst nicht wahrhaben will, seinen persönlichen Schatten.

Die Figur des Luzifer wartet am Ende des Infernos. Sheldon Kopp sieht im eisigen Höllenfürsten die Allegorie eines Zustandes, der von jeglicher menschlichen Wärme, von jeglicher Liebe befreit ist. Luzifer, so gesehen, ist das polare Gegenteil von Beatrice, die Anti-Beatrice, die Mutter-Kind-Beziehung, die fehlt. Er ist das stumme Herz der Depression, und Dantes extraordinärer Mut, der ihm zu Beginn der Infernofahrt noch gefehlt hat, aber sukzessive von Daddy Vergil genährt wurde, befähigte ihn, sich diesem atemvernichtenden Anblick zu stellen. Interessant ist ebenso, dass in der Eislandschaft des Desinteresses nicht nur diejenigen unter den Sündern bestraft werden, welchen es am meisten an Empathie und Liebe fehlt, nämlich den Verrätern, sondern dass auch die mitleidlose, mechanische Strafe, symbolisiert durch den auf ihnen kauenden Luzifer, unmissverständlich in ein schlechtes Licht gerückt wird. Jungianer und Freudianer können sich einig sein: Dass Dante sich nicht vor Luzifer versteckt, sondern sogar durch ihn zum Ausgang des Infernos klettern kann, bedeutet, dass ein traumatisches Ereignis neu erlebt und bewältigt wurde. Dante hat den Quell der Leiden der Welt, den Quell der Leiden seiner Welt, ausfindig gemacht und ist nun bereit für den Läuterungsberg.

Während das Inferno noch ein eher statisches Universum darstellt, in dem die einzigen sich wirklich bewegenden, fortschreitenden Figuren Dante und Vergil sind, beinhaltet das Purgatorio viel mehr Dynamik. In den Höllenkreisen noch wurde gestraft, beziehungsweise wurde auf Grund des Contrapasso jede Sünde durch sich selbst gestraft (Selbstmörder wissen nicht zu schätzen, Menschen zu sein, Selbstmörder werden zur pflanzlichen Existenz als Strauch verdammt etc.), was an sich schon eine exzellente psychologische Beobachtung ist. Im Purgatorio entscheidet jede Seele selbst über die Länge ihr Strafen. Eine interessante Beobachtung von Megan Clement ist, dass Dante nur im Purgatorio träumt, nicht im Inferno und auch nicht im Himmel. Das Inferno war die Domäne des Traumatischen, das Reich der sich vor ihrem Ursprung versteckenden Neurose. Im Purgatorio liegt das Böse bereits in der Vergangenheit, es wurde erkannt, benannt und als zu bewältigen (zu beklettern) verstanden. Damit drehte sich die Welt um 180 Grad von den Füßen auf den Kopf und das Agens liegt weniger in der Eigenlogik verdrängter Inhalte, sondern mehr auf den Schultern des gewachsenen Egos. Dieses beginnt für Dante nun direkt bedrohlich anzuschwellen.

Wie es sich gehört für einen Bereich, der mehr von der Logik des Egos dominiert wird, ist das zentrale Thema des Purgatorio jene Sünde, die wirklich nur ein »Ich« haben kann: der Stolz. Theologisch betrachtet ist Stolz die Ursünde, von der alle anderen Sünden abstammen. Psychologisch ist der Stolz jene Krücke, auf die sich dort gestützt wird, wo die positive Mutter-Kind-Beziehung fehlt. Es ist die provisorische Hilfe des verwahrlosten Kindes aus eigenem Kontingent.

Nun, da die Wurzel des Bösen im Inferno erkannt ist, arbeitet der Pilger Dante pflichtbewusst und systematisch daran, diejenigen neurotischen Verhaltensmuster abzuarbeiten, die aus ihr gewachsen sind, bereitgestellt in schönen Versen vom Dichter Dante, am Beispiel anderer. Es ist anzumerken, dass, obwohl Pilger Dante selbst progressiv von den Sünden reingewaschen wird, er keine von ihnen explizit zu seiner eigenen Person attribuiert, sondern an der Sünde nur in Form von Katharsis durch das Beobachten von Fehlern anderer teilhat. Damit umgeht Dante einen Schritt, der nach jungianischer Theorie essentiell ist, nämlich die Integration des eigenen Schattens: das kompromisslose, radikale Anerkennen der eigenen Mistkerl- bzw. Mistmädelhaftigkeit. Dante erkennt seinen Schatten hier nur überaus kompromisserfreut an, nämlich vermittelt durch die apriorische Sündenverfallenheit der Spezies Mensch, deren leidlicher Teil er ist. Durch diese Lücke in der narzisstischen Ordnung (Strukturen internalisierter Selbstliebe) legt Dante den Samen für Grandiosität als Kompensation. Denn eben dadurch, dass er nicht vollständig sich selbst – Poetengenie Dante – als Unsympathen und stolzen Gockel akzeptieren kann, fehlt ihm der letzte Schritt radikaler Selbstakzeptanz, welcher für eine grandiositätsfreie Selbstliebe notwendig wäre. So bleibt immer der verdrängte Zweifel, jenes »so bin ich nicht«, welcher durch extreme Leistung gekittet werden muss. Aufblähung als Strategie, um die Bedrohung der kalten Schwärze der lichtlosen Nacht fernzuhalten, der Nacht ohne Beatrice, Gesandtin der Lucia. So *muss* Dante gut sein, denn seine Beatrice hasst die Sünde.

Doch Dantes Selbsterneuerungsprogramm war für ihn gut genug, er hat es nach eigenen Maßstäben von allen Sünden (neurotischen Verhaltensmustern) befreit auf die Spitze des Läuterungsberges geschafft. Vergil kann ihm ab hier nicht mehr folgen. Zumindest nicht offensichtlich, denn gewissermaßen ist Dante nur dort, wo er jetzt ist, wegen Vergil. Vergil ist nun Teil von Dante. Er war die Leiter, die ihn vor die Füße Beatrices steigen ließ, aber nun zu lang und schwer und, ehrlich gesagt, nutzlos ist, um weiter zentral an der Reise teilzuhaben. Für den Autoren Dante heißt das: Die Philosophie ermöglichte ihm den Aufbau eines schlüssigen Weltbildes und das Erlangen von Seelenfertigkeiten, die ihm die Teufelsschau, die Quelle seines Leids, produktiv überstehen ließen und aus ihm letztlich einen besseren Menschen mit mehr Kapazität zur Selbstakzeptanz machten. Dante ist nun bereit, für sich den Verstand als Werkzeug mit Begrenzungen einzuordnen, dessen Ziel schließlich Dienst an der Liebe sein sollte. Damit gelingt ihm der Anschluss der antiken Philosophie an christliche Dogmatik, wodurch der enorme interne Konflikt, der durch seine doppelte Sozialisierung erzeugt wurde, eine befriedigende Lösung findet. Bevor Vergil und Beatrice sich jedoch die Klinke in die Hand geben, ernennt Vergil Dante zum König und Papst über sich selbst. Das Ego erreicht seinen Zenit.

Beatrice, wie zuvor schon Vergil, hat eine scheinbar telepathische Verbindung zu Dante und liest in ihm wie in einem offenen Buch, ein Hinweis auf ihre Wirklichkeit als psychische Funktion. Sie schilt ihn, Dante bereut, und die folgenden Gesänge strotzen nur so von Mutter-Kind Analogien, dass man sich als Leser fast schämt, so nah dabei zu sein. Als würde man in einem Restaurant über Gebühr einer Mutter beim Stillen ihres Kindes über die Schulter blicken und dabei gedankenverloren an einer Serviette nuckeln. Beatrice liebt Dante und Dante ist Beatrices größter Fan, und so schön das Gefühl der Liebe ist, so langweilig ist es, zu lange darüber nachzudenken. Nicht umsonst muss ein grübelnder Vergil vor der Tür bleiben. Gemeinsam geht das Paar in den Himmel.

Im Himmel dominieren theologische Überlegungen noch stärker als in den Gesängen zuvor. Dante questet Beatrice wie ein Kind, für das das Blau des Himmels noch ein ernstzunehmendes Problem darstellt, und nach und nach breitet sich dadurch Dantes umfangreiches Kirchenwissen vor dem Leser aus, auch ein Zeichen von Gemeinschaftssinn. Beatrices Liebe für Dante ist perfekt, und immer wieder gibt es Verweise auf Dantes Sinne, welche noch nicht bereit sind, zu viel von Beatrice, besonders von ihrem Lächeln und ihrem Blick, aufzunehmen. Dante muss sich erst an ihr Licht gewöhnen. Das Bild leuchtet ein, denn einem nahezu Verhungerten gibt man zunächst auch Suppe, um den Magen nicht zu überfordern und auf Substantielleres vorzubereiten.

Beatrice und ihre Liebe sind perfekter als es eine menschliche Mutter je sein und leisten könnte, doch dies ist nur verständlich, wenn man bedenkt, dass sie der Phantasie eines inneren Kindes entspringt, welches bedingungslose Liebe nur aus frühen Erinnerungen besitzt und dann lange Zeit nur ihr Fehlen kannte. Jede Kompensation überspannt den Bogen. Dabei folgt Dante auch dem Prozess der Introjektion von zwischenmenschlichen Strukturen, wie sie Psychoanalytiker Heinz Kohut in seinen Studien zum Narzissmus darlegte. Nach eigenen Überlegungen abgewandelt, sollte der Prozess wie folgt aussehen: a) die äußere Beziehung wird idealisiert, jeder Mangel wird von ihr ferngehalten, sie erscheint emotional hochgeladen b) die Beziehung wird internalisiert, vereinfacht gesagt als innerer Dialog, innere Stimme, Gefühl, Einstellung und Wertvorstellung in die Persönlichkeit eingegliedert c) die Beziehung wird letztlich strukturalisiert und fester Bestandteil der Psyche des Subjektes. Dieser Prozess begann sekundär nach dem Tod der Mutter mit der realen Beatrice, wurde schon zu Lebzeiten nur in Dantes Fantasie ausgelebt und nach ihrem Tod schließlich literarisch aufgearbeitet, um dann in der Komödie allen Lesern geschenkt zu werden.

Wenn man der freudianischen Strukturierung von Inferno – Purgatorio – Paradiso als Es – Ich – Über-Ich folgt, ergibt die starke Präsenz theologischer Überlegungen im himmlischen Paradies Sinn. Dante geht eklektisch vor, sortiert nur die feinste Theologie für seinen Leser. Er übt scharfe Kritik an realen Päpsten, welche überhaupt nicht zu seinen Idealen passen und legt damit die Blaupause für eine »bessere« Über-Ich Strukturierung dar. Denn das Über-Ich ist letztlich nichts anderes als der internalisierte soziale Wertekanon und offen für Verhandlungen bzw. gesellschaftliche Konstruktion – der Bauplan für eine Gesellschaft nach Dantes Geschmack. Das klingt zynisch, soll es aber nicht, denn Dantes Motivation scheint rein. Nun, da er seine eigene Liebe gefunden hat, will er die gesamte Gesellschaft daran teilhaben lassen. Eine Deutung, die Rousseau unterstützt. In *Emile* beschreibt er die Liebe für andere als abhängig von einer gesunden Selbstliebe, der *amour de soi*.

Die narzisstische Ordnung ist jedoch Privatsache, weswegen Beatrice hier nicht mitreden kann. Dante wird statt ihrer – vermittelt über seinen Ur-Urgroßvater – genauer darüber instruiert, dass all das, was er auf seiner metaphysischen Reise durch Hölle und Himmel sehen durfte, ihm vor allem deswegen und auf genau diese Art und Weise präsentiert wurde, weil er es für die Welt der Lebenden aufschreiben und veröffentlichen soll. Die *Göttliche Komödie* als göttlicher Auftrag und Dante ihr Verfasser. Wow. Ich wette, dass absolut niemand in Florenz da noch mitziehen kann. So viel zur Grandiosität.

Der heilige Johannes als weitere männliche Transferenzfigur befragt Dante im 26. Gesang zu seinem Liebesverständnis. Dante erblindet im Strahl des göttlichen Lichtes kurzfristig, doch ihm wird versichert, dass Beatrice ihn wiederherstellen kann, sofern er richtig antwortet. Was er auch tut, denn er bekennt, dass er alles, was im Garten des ewigen Gärtners wächst, in dem Maße liebt, wie es von ihm Gutes gegeben wurde. Damit findet eine Erweiterung der rein auf das Selbst gerichteten, narzisstischen *amour de soi* zur augustinischen Caritas statt. Eine reifere, objektivere Liebe am Schönen und Guten per se. Beatrice, seine narzisstische Quelle, beendet seine narzisstische Verblendung und stellt sein Augenlicht wieder her. Die Signifikanz dieser Szene ist, dass sich die Selbstliebe einer gemeinschaftlich zugänglichen Liebe geteilter Werte unterordnet, die Erkenntnis (!) Letzterer von Ersterer jedoch abhängt.

Die Reihe der männlichen Transferenzfiguren, die mit Vergil ihren Anfang nahm, wird mit dem Heiligen Bernhard von Clairvaux abgeschlossen, welcher zu Dante im 32. Gesang des Paradieses mit dem »Gestus eines zärtlichen Vaters« spricht. Durch seine Hilfe gelingt es Dante, die Aufmerksamkeit von Beatrice, seiner funktionalen Selbstliebe, abzulenken und an der Verehrung der heiligen Mutter Gottes Maria teilzuhaben. Wohingegen Beatrice als private Person noch seine private narzisstische Struktur widerspiegelt, symbolisiert beziehungsweise *ist* Maria der Prototyp der narzisstischen Ordnung einer ganzen Gesellschaft, einer ganzen Epoche. Durch ihre Augen erblickt Dante schließlich Gott, worüber es nicht mehr viel zu schreiben gibt.

Nun. Dante ist einen weiten Weg gegangen. Verloren in innerer Kälte, verstoßen aus seiner Heimat, fand er sich von bestienhaften, neurotischen Strukturen bedrängt und ohne jeden Lebensmut. Durch die Philosophie nährte er sich, fand Vergil als inneren Vater, – nein, erschuf er sich Vergil als inneren Vater aus Tinte und Papier und macht sich mit ihm gemeinsam auf die Suche nach seiner Mutter/Geliebten im Gedärm der Hölle. Dort fand er das Herz der Finsternis, das wie ein Schiefer steckend eisigen Hauch verströmt, wo

Liebe sein sollte. Das Biest mit dem ewigen Zwang, das zu strafen, was es selbst ermöglicht. Die Beschränktheit des Prinzips, des Bösen erkennend, legt Dante seine dysfunktionalen Abwehrmechanismen ab und findet seine Liebe zu sich selbst und damit auch die Liebe zu seinen Mitmenschen neu erstarkt.

Abschließend sei gesagt, dass jede psychoanalytische Interpretation *wild* ist. Psychoanalyse war immer ein schiefgebeugtes Anhängsel der Wissenschaftswelt, was vor allem daran liegt, dass man alles in ihre Begrifflichkeiten packen kann, wenn man sich nur lange und hart genug anstrengt. Jedes Leugnen eines Ödipuskomplexes ist ein unbestechlicher Beweis eben für das Verdrängen des Ödipuskomplexes und alles, was länger als ein Daumen ist, ist ein Penissymbol. Wahrscheinlich ist auch jeder Daumen ein Penissymbol. Vorwerfen kann man ihr aus postmoderner Perspektive vor allem, dass sie versucht, eine Einheit herzustellen, wo unter Umständen gar keine Einheit besteht, beziehungsweise dass die Einheit, die erzeugt wird, nichts als die Einheit der psychoanalytischen Theorie selbst ist. Es ist das Verhältnis vom Tractatus Wittgenstein zum Wittgenstein der Philosophischen Untersuchungen. Dies alles sei anerkannt. Und doch. Ich meine, wenn ich das berühmte Profil des hakennasigen Florentiners vor mir sehe, darin etwas von dem traurigen Jungen zu erkennen, der seine Mutter verloren hat. Aber dann auch noch viel mehr von dem Mann, der darüber schreiben konnte, wie er sie für uns alle fand – und einem Impuls folgend, neigt sich mein Haupt.

Black, David M. *Dante's ›Two Suns‹: Reflections on the psychological sources of the Divine Comedy.* The International Journal of Psychoanalysis. 98: 1699-1717 (2017).

Brockman, David Dean. *A Psychoanalytic Exploration of Dante's The Divine Comedy.* Routledge, London. 2017.

Clement, Megan. *Salvation as Individuation in Dante's Divine Comedy.* Berkely Undergraduate Journal. 2011.

Flasch, Kurt (Übers.). Alighieri, Dante. *Commedia.* Fischer, Frankfurt am Main. 2013.

Flasch, Kurt. *Einladung, Dante zu lesen. Fischer,* Frankfurt a.M. 2011.

Kohut, Heinz. *Narzißmus. Eine Theorie der psychoanalytischen Behandlung narzißtischer Persönlichkeitsstörungen.* Suhrkamp, Frankfurt a.M. 1976.

Phillips, Adam und Taylor, Barbara. *On Kindness.* Picador, New York. 2010.

Zweig, Connie und Abrams, Jeremiah (Editors). *Meeting the Shadow.* Tarcher/Penguin, New York. 1991.

Dante gleich – durchschritt ich die Hölle zu Lebzeiten[1]

Zygmunt Krasiński (1812-1859) – der polnische Dante

Von Hans-Christian Trepte

1. Einleitung

Der Schriftsteller Zygmunt Krasiński wird zuweilen auch »polnischer Dante« genannt, es wäre allerdings falsch, die Wirkung Dantes in Polen allein auf einen Vertreter der polnischen Literatur zu beschränken, denn nicht nur bei Krasiński geht es um mehr als nur um einen fruchtbaren »Kulturtransfer im europäischen Kontext« (Meier) oder einen bloßen »Dialog mit Dante« (Freise). Vielmehr können wir im Falle Dantes von einer aufschlussreichen Verflechtungsgeschichte (histoire croisée) und literarisch miteinander »verflochtenen Geschichten« (Ulbricht) bzw. »gekreuzten Geschichten« (Olcese) sprechen. Ohne Zweifel können wir von einer besonders intensiven Wahrnehmung Dantes in Polen ausgehen, die sich in einer ausgeprägten Faszination vor allem für *Inferno*, den ersten Teil der *Göttlichen Komödie*, in Form unterschiedlicher »Reisen in die Hölle« zeigt. Als ein aussagekräftiges Beispiel dafür mag das 1839 erschienene *Poem des Piasten Dantyszek der Wappengemeinschaft Leliwa über die Hölle* (Poema Piasta Dantyszka Herbu Leliwa o piekle)[2] des polnischen romantischen Schriftstellers Juliusz Słowackis dienen. Zentraler Protagonist ist hier Piast, ein Vertreter der ersten polnischen Herrscherdynastie, der schon mit seinem Namen Dantyszek (eine Verkleinerungsform von Dante, HCT) auf sein italienisches Vorbild verweist und dessen Weg, Dantes Vergil gleich, hinab in das Reich der Hölle führt. Die Orientierung an Dante Alighieri hat zu einem eigenständigen, sich dynamisch entwickelnden »Danteismus« (Luigi Marinelli) in der Kultur und Literatur Polens geführt. So war es der Erzbischof von Gnesen (Gniezno), Primas von Polen und bedeutender Vertreter der polnischen Aufklärung, Ignacy Błażej Franciszek Krasicki, der in seinem Werk *Über das Reimschöpfen und die Reimschöpfer* (O rymotwórstwie i rymotwórcach, 1803) einen aufschlussreichen Passus über die italienische Literatur mit von ihm ausgewählten und übersetzten Beispielen vorstellte. Unter ihnen befand sich auch ein Fragment der ersten Übertragung von Dantes *Göttlicher Komödie* ins Polnische.[3] Um den Begriff des »Danteismus« näher zu erläutern, soll zunächst kurz auf die Wahrnehmung italienischer Kultur und Literatur in der Zeit der polnischen Romantik eingegangen werden, zählt doch Zygmunt Krasiński zu den drei großen Barden der polnischen Literatur. Für das Verständnis des polnischen Dante ist es des Weiteren wichtig, auch auf das zeitliche Umfeld und die besonderen Bedingungen der Auseinandersetzung mit Dante zur Lebenszeit von Krasiński zu verweisen.

2. Zur Wahrnehmung italienischer Kultur und Literatur in der polnischen Romantik

Eine Besonderheit der Literatur und Kultur der Romantik in Polen besteht darin, dass sie sich aufgrund der Dreiteilungen des Landes (durch die Teilungsmächte Russland, Preußen und Österreich-Ungarn) weitgehend im Ausland entwickelte. Die Vertreter des weltweiten polnischen Exils strebten zuvorderst die Wiederherstellung der untergegangenen Polnisch-Litauischen Adelsrepublik (Rzeczpospolita Obojga Narodów) in Freiheit und Unabhängigkeit mit Hilfe revolutionärer Erhebungen an, zu denen der Novemberaufstand von 1830/1831 und der Januaraufstand von 1863/1864 gehörten. Beide Aufstände wurden blutig niedergeschlagen, ihre Teilnehmer nach Sibirien verbannt, standrechtlich erschossen oder es gelang ihnen ins westliche Ausland zu flüchten. Zu den wichtigsten Aufnahmeländern des polnischen Exils gehörte neben Frankreich und Italien auch Sachsen als eine wichtige Achse des polnisch-italienischen Kulturaustausches. So hielten sich in Dresden u. a. auch die drei Vertreter der polnischen Romantik, Adam Mickiewicz, Juliusz Słowacki und Zygmunt Krasiński auf. Ihnen folgte der vor allem in Sachsen durch seine historischen Romane über die gemeinsame polnisch-litauisch-sächsische Geschichte bekannte Józef Ignacy Kraszewski (*Gräfin Cosel, Brühl, Aus dem Siebenjährigen Krieg*). Zygmunt Krasińskis Meinung, Sachsen betreffend, unterschied sich deutlich von seinen romantischen Schriftstellerkollegen, war ihm doch von seinem apodiktischen Vater im »verfluchten Dresden« ein überaus »bitterer Kelch« bereitet worden. Es handelte sich dabei um die am 26. Juli 1843 in der Königlichen Kapelle der Katholischen Hofkirche zu Dresden vollzogene Trauung des Schriftstellers mit der ungeliebten Adligen und Malerin Elżbieta (Eliza) Branicka.[4] Aus dieser Beziehung entstand die Krasiński zeitlebens begleitende »schwarze Legende« über »dieses Fräulein« wie auch die mit ihr kontrastierende »goldene Legende« über die von ihm innig geliebte, stark idealisierte Gräfin Delfina Potocka, eine enge Freundin Frédérik (Fryderyk) Chopins.[5]

Ein weiterer Aspekt der polnischen Romantik, den es zu berücksichtigen gilt, betrifft den polnischen Messianismus,[6] eine Auffassung, die sich infolge des gescheiterten Novemberaufstands von 1830/31 immer stärker verbreitete. Die patriotisch-tyrtäische Dichtung der polnischen Romantik war bestrebt, die unakzeptable Wirklichkeit im geteilten Polen zu verändern. Im messianischen Denken erkannte sie eine neue, hilfreiche Religion, ein effektives Mittel des Trostes.

Die romantische Literatur wollte zudem zu brennenden Fragen des aktuellen Freiheitskampfes, der Konspiration und Revolution Stellung nehmen. In diesem spezifisch polnischen wie auch europäischen Kontext gilt es, auf Zygmunt Krasińskis Drama *Un-Göttliche Kömödie* (Nie-Boska komedia, 1833/1835) und die offenkundige Bezugnahme wie Auseinandersetzung mit Dantes *Göttlicher Komödie* (Divina Commedia) Bezug zu nehmen. Die Kulturbeziehungen zwischen Polen und Italien hatten sich bereits seit der Renaissance dynamisch und vielgestaltig entwickelt, so dass bereits seinerzeit von einer gewissen »Italianisierung« der polnischen Kultur und Literatur gesprochen werden kann. Die besondere sprachliche, kulturelle, künstlerisch-literarische Auseinandersetzung mit Dante hatte spätestens in der Romantik eine »eigenständige Entwicklung in der Literatur und Kultur Polens« genommen.[7] Sie zeigte sich im erwähnten Phänomen des »Danteismus« (dantyzm), in einer »Dantomanie« (dantomania) wie auch in einer »Dantophobie« (dantofobia).[8] Diese Auseinandersetzung mit Dante, die später u. a. die ideologisch geprägte pseudomarxistische Kritik und die posttotalitäre und ultra-katholische »Dantologie«[9] umfasst, hält bis heute in Polen an. So berufen sich zahlreiche Vertreter der polnischen Literatur und Kultur, von Juliusz Słowacki, Adam Mickiewicz, Czesław Miłosz bis zu Witold Gombrowicz und Tadeusz Kantor, auf Dantes *Göttliche Komödie*. Eine besondere Rolle spielte dabei das polnische weltweite Exil, das u. a. im Schatten Dantes neu interpretiert wurde. So verwies z. B. Czesław Miłosz in seinen Vorlesungen über polnische und russische Literatur an der Universität Berkley auf vier sich teilweise überschneidende Linien in der Auseinandersetzung mit Dante: eine polnische (Mickiewicz, Brzozowski, Gombrowicz, Vincenz), eine russische (Puschkin, Dostojewski, Mandelstam, Brodsky), eine anglo-amerikanische (Blake, Eliot, Pound, Auden, Frost, Pinsky)

115

und eine anglo-irische (Yeats, Joyce, Beckett, Heaney). Der im argentinischen Exil lebende polnische Schriftsteller und Dramatiker Witold Gombrowicz ging in seinem Text *O Dantem* (Über Dante) vor allem auf die spezifisch polnische Wahrnehmung ein.[10] Der in Deutschland, Frankreich und in der Schweiz lebende Stanisław Vincenz beantwortete die Frage, was Dante den Polen bedeutet, wie folgt: »die ethische Haltung der Freiheit«.[11] Die Verweise auf Dante wie auch die Zitate aus dessen Werk dienten dazu, eigene Ansichten und Auffassungen besonders hervorzuheben, Dante entweder zuzustimmen oder ihm zu widersprechen. Dabei werden die literarischen Figuren Dantes, die in der polnischen romantischen Literatur ohnehin zumeist Exilanten, Vertriebe, Pilger, Propheten, Ideologen, Autokraten waren, zielgerichtet in polnische Realien eingebaut. Das gilt insbesondere für Dantes *Inferno*, seine Visionen von der Hölle, seine Auffassungen von einer nahenden Apokalypse und des Jüngsten Gerichts, die auf reale Ereignisse und Extremsituationen übertragen werden, namentlich auf Kriege und Schlachten, auf Verbannungen und Deportationen (in erster Linie nach Sibirien), auf die GULAG-Lager, die deutschen KZs, aber auch auf weitere, nach dem Zweiten Weltkrieg entstandene (Todes-)Lager.[12] Im polnischen kollektiven Gedächtnis und in der polnischen Sprache hat sich die Bezeichnung »Dantische Szenen« (sceny dantejskie) im Sinne erschütternder, grausamer Szenen, eben wie bei Dante, eingebürgert.[13]

3. Zygmunt Krasińskis *Un-Göttliche Komödie* (Nie-Boska komedia)

Die Welt wird nicht mehr zu erretten sein –
Du siehst die Zeitenschlünde offenstehn –
's wird alles Schutt – die Wahrheit ganz allein
Bleibt ewig, wie ein Marmorbild, bestehn[14]

(Zygmunt Krasiński)

Graf Napoleon Stanisław Feliks Zygmunt Krasiński wurde 1812 in Paris geboren und verstarb dort 1859. Er wurde auf dem Familienbesitz der Krasińskis in Opinogóra in Polen in der Familienkrypta neben seinem Vater beigesetzt. Krasiński gehörte einer bedeutenden aristokratischen Familie an; sein Vater stand als General in den Diensten Napoleons, der selbst Taufpate seines Sohnes Zygmunt war. Der junge Krasiński erhielt zunächst eine gediegene Ausbildung durch sorgfältig auserkorene Hauslehrer. 1826/1827 besuchte er das Warschauer Lyzeum und studierte anschließend Jura an der Warschauer Universität. 1829 musste der junge Adlige auf Anraten seines zarentreuen Vaters, der ihn von der Teilnahme an antirussischer Manifestationen und dem sich anbahnenden Novemberaufstand (1830) abhalten wollte, die Universität Warschau verlassen und ging nach Genf. Dort lernte er u. a. Adam Mickiewicz kennen. Krasiński lehnte, auf seine Augenerkrankung verweisend, das Angebot seines Vaters ab, in den diplomatischen Dienst des russischen Zaren zu treten. Dafür musste er die bereits erwähnte, von seinem apodiktischen Vater arrangierte Ehe eingehen. Aus Angst vor dem russischen Zaren veröffentlichte er seine Werke selbst im Ausland anonym.

Ende der dreißiger Jahre war der streng konservative Meinungen vertretende polnische Aristokrat Krasiński, ähnlich wie übrigens auch Mickiewicz, unter den Einfluss messianischer Auffassungen geraten, die er u. a. in seiner Versdichtung *Przedświt* (Morgendämmerung; 1843) und *Psalmy przyszłości* (Zukunftspsalmen; 1845-1848) auf publizistisch-poetische Weise zum Ausdruck brachte.[15] 1833, im Alter von 21 Jahren, verfasste Krasiński sein Meisterwerk, die *Un-Göttliche Komödie* (Nie-Boska komedia),[16] mit dem er weit über die Grenzen Polens hinaus bekannt wurde. Es war zugleich auch ein Versuch, sich vom Alptraum des niedergeschlagenen Novemberaufstandes von 1830/1831 freizuschreiben, an dem er nicht teilgenommen hatte. In seiner *Un-Göttlichen Komödie* (Nie-Boska komedia, 1833/1835) analysierte Krasiński, ähnlich wie auch in dem nachfolgenden Drama *Iridyon* (Iridion; 1836) die Rolle des Einzelnen und das Wirken Gottes in der Geschichte, in einer Zeit des Niedergangs des Feudalismus und dem Beginn revolutionärer Umwälzungen. Während Mickiewicz und Słowacki aus dem Exil heraus revolutionäre Veränderungen in ihrem unterdrückten Heimatland anstrebten, lehnte Krasiński dies kategorisch ab. In diesem Kontext kann seine *Un-Göttliche Komödie* auch als eine Auseinandersetzung mit den revolutionären Erhebungen in Polen gesehen werden. Nach gründlicher Überarbeitung des Textes durch den Autor wurde das Stück 1835 anonym in Paris veröffentlicht. Ursprünglich sollte das Werk den Titel *Mąż* (der Ehmann, Gatte), in Bezugnahme auf die in den ersten beiden Teilen dominierende Liebes- und Ehegeschichte, heißen. Doch unter Berücksichtigung des bewusst hergestellten Bezugs auf Dante, der in erster Linie den Gang des zentralen Helden durch die von Menschen auf Erden geschaffene Hölle betrifft, ändert Krasiński den Titel, mit dem er seine Lebenszeit, sein Jahrhundert charakterisieren wollte. Und so entwickelte sich Krasińskis *Un-Göttliche Komödie* zu einem zunehmend von Pessimismus und Verzweiflung gezeichneten Stück über eine von gesellschaftlichen Konflikten zerrissene Gesellschaft, in dem eine die Menschheit allseitig bedrohende Katastrophe prophezeit wird. Zugleich haben wir es aber auch mit dem Drama eines romantischen Dichters zu tun, der verzweifelt nach seinem Platz in einer zerrissenen Welt sucht. Die ersten beiden Teile der *Un-Göttlichen Komödie* tragen noch typisch romantische Züge. So entspricht die vom Vater dem »Ehemann« (Mąż) aufgezwungene Hochzeit keineswegs dem Ideal einer romantischen Liebe und glücklichen Vermählung. Das angestrebte romantische Ideal der Liebe bleibt durch Henryks Egoismus und Egozentrismus unerreichbar, die Ehe zerbricht und treibt die unglückliche Frau des »Ehemanns« in den Wahnsinn, ist doch Henryk vollauf das empfindsame, »fühlende Herz« abhandengekommen; und damit kann ihm auch kein irdisches Glück, keine Erlösung mehr gewährt werden. »Frieden den Menschen guten Willens – gesegnet sei unter den Geschöpfen, wer ein Herz hat, er kann noch erlöst werden.«[17] Die in den beiden ersten Teilen angestellten Überlegungen über die Stellung eines Dichters und den Wert der Dichtung, den ein »falscher Poet ohne Herz« zu erreichen versucht, führen zu keinem Erfolg: »Dafür, dass Du nichts liebtest, nichts ehrtest außer dich selber, und deine Ideen, bist du verflucht – verflucht für Jahrhunderte«,[18] schleudert ihm der Chor entgegen. Und so versucht der gescheiterte Poet nunmehr Trost im erbarmungslosen Kampf gegen die aufbegehrenden Massen des Volkes zu finden. Alle vier Teile des Werks werden durch die egozentrische Figur von Henryk zusammengehalten. Ähnlich wie bei Dante werden auch bei Krasiński autobiographische Bezüge im offensichtlichen Wechselspiel zwischen dem selbst Erlebten, dem suchenden, schreibenden, reflektierenden Ich deutlich. Jedem der vier Teile ist ein Vorwort des Autors vorangestellt, das dem Leser eine Art »Lektüreschlüssel« in die Hand geben und die einzelnen persönlich-familiären, politischen und existentiellen Konflikte der Hauptfigur erläutern soll.

Immer wieder hat Krasińskis Werk zu heftigen Auseinandersetzungen in Polen geführt. So bezeichnete bereits Adam Mickiewicz in seinen Vorlesungen über »slawische Literatur«, gehalten am Collège de France (1843) in Paris, Krasińskis *Un-Göttliche Komödie* als ein großes literarisches Meisterwerk, kritisierte allerdings dabei mehrfach die Darstellung der Israeliten. Besonders kritisch äußert sich allerdings die renommierte Kennerin der polnischen Romantik, Maria Janion, über Krasińskis *Un-Göttliche Kömödie*, die sie ein »vergiftetes Meisterwerk« nannte, in dem das ganze »Gift« der kanonischen Texte der polnischen Romantik enthalten sei. Weiter führt Janion aus, dass ihr Verfasser damit ein großes »Verbrechen gegen die Nation [crime antinational]«[19] begangen habe. Worin war dieses »Gift«, dieses »Verbrechen« zu sehen? Zum einen in einem besonderen Katastrophismus mit geradezu apokalyptischen Visionen der revolutionären Umwälzungen, zum anderen in einer fatalen romantischen Historiosophie. In einer gesonderten Studie über den »Gründungsmythos des polnischen Antisemitismus«[20] weist Janion auf das heikle Thema des Antisemitismus in Polen hin, der ihrer Meinung nach vor allem im 18. und 19. Jahrhundert wurzelt. So analysiert sie Krasińskis Drama zuvorderst als ein Werk, in dem sich »beinahe alle zeitgenössischen Elemente der paranoiden Narration über die jüdische Verschwörung, konkret im Bild der umstürzlerischen Sekte der Konvertiten (»Neugetauften«)«[21] wiederfinden lassen.[22] Die antisemitischen Phobien wie auch die konservative katholische, nationalistisch-polnische Einstellung Krasińskis standen in einem krassen Gegensatz zu Mickiewicz' messianischen, vom Judentum inspirierten Vorstellungen von einer geradezu schicksalhaften Verbindung der Polen mit dem Volke Israel. Mickiewicz'

Auffassung, dass der Mensch befähigt sei, sich selbst zu erlösen, widersprach den Vorstellungen Krasińskis, sah dieser doch die menschliche Existenz als einen Sündenfall, der unweigerlich zur Katastrophe führen müsse. Apokalyptischen Vorahnungen zeigen sich auch in Krasińskis Sicht der »Revolution« und all des damit verbundenen Bösen. So interpretiert er die gewalttätigen, blutigen Aufstände und Unruhen zuvorderst aus einer religiösen Perspektive. Dementsprechend erscheint das Böse in der *Un-Göttlichen Komödie* auch als eine finstere und bedrohliche Macht, die das Eingreifen eines allerdings ebenso bedrohlich wirkenden Gottes erforderlich macht. Das Aufheben des Bösen durch das Gute in Gestalt einer göttlichen Macht scheint damit kaum mehr möglich zu sein. Die zentrale Figur des Stückes, der von religiösem inquisitorischen Eifer ergriffene Graf Henryk ruft »im Glauben an Christus und seine Kirche« zu einem Kreuzzug auf: »[...] und ich werde die Feinde morden und brennen«, um »auf dem Nacken der Rebellen ›dem Sohn Gottes eine neue Kirche‹ [zu] bauen«.[23] Im dritten und vierten Teil erreicht Krasińskis Drama mit der Verteidigung der von den aufständischen Heerscharen belagerten letzten Bastion der aristokratischen Würdenträger eine politische Dimension. Die eingeschlossene Festung befindet sich in Podolien, sie soll damit höchstwahrscheinlich an die verhängnisvolle Konföderation von Bar erinnern.[24]

Den dritten Teil des Stückes, in dem sich die Armen und sozial Benachteiligten in einem Hain in der letzten Kirche auf Erden zusammengefunden haben, hat Krasiński in deutlicher Anlehnung an Dantes *Göttliche Komödie*, wahrscheinlich aber auch an Goethes »Walpurgisnacht« im Faust, als einen irdischen Gang der Lebenden durch die Hölle auf Erden konzipiert. Für Krasiński scheint diese unsere Welt durch die tragische Geschichte selbst zur Hölle geworden zu sein. Die Bitten zahlreicher Adligen, einen Kompromiss mit dem revoltierenden »Plebs« auszuhandeln, lehnt Henryk im Namen tradierter, ritterlicher Ehrbegriffe kategorisch ab, vielmehr befiehlt er seinen Untergebenen weiterzukämpfen und ehrenvoll zu sterben.

Unerkannt, mit einer Jakobinermütze auf dem Kopf, schleicht sich Graf Henryk in das Lager seiner Gegner, angeführt wird er dabei von einem Juden (sic!). Er beobachtet die einem Hexensabbat gleichende Orgie der Aufständischen, die hasserfüllt um einen Freiheitsbaum und einen Galgen tanzen, revolutionäre Lieder singen und sich der Trunksucht hingeben. So gelangt er zu der Überzeugung, dass die marodierenden Massen keinerlei edle Ziele besaßen, sondern lediglich Reichtum und Macht im Sinn hatten. Der Anführer der aufständischen Massen, der das Volk verachtende Pankracy, verspricht den Armen und Hungernden »Brot und Verdienste«, um so sein Ziel zu erreichen. Henryk bewundert Pankracy wegen seines Mutes und Eifers. Zwischen den beiden Gegnern kommt es zu einer heftigen Auseinandersetzung, in dem Pancracy versucht Henryk zu überzeugen, seinen Widerstand aufzugeben und sich zu ergeben. Henryk, der seinem Stand die Treue hält, lehnt dies kategorisch ab. Letztendlich kann keine der beiden Seiten einen Sieg davontragen. Pancracys Versuch, die Welt mit Hilfe einer »Revolution« zu verändern, scheitert. Dem blutigen Aufstand der Massen folgt die Apokalypse, die »Ebene des Jüngsten Gerichts«, das Ende des »letzten Staats, des Gerichts, der letzten Kirche, der letzten Grafen, der letzten Augenblicke«.[25] Vor Henryks Augen fällt Henryks Sohn Orcio wie auch sein treuester Diener; ihr Tod scheint völlig sinnlos zu sein. Krasińskis pessimistische Sicht zeigt sich des Weiteren im gegen Ende des Dramas erscheinenden »apokalyptischen Christus«, der nicht als Erlöser, sondern als Rächer auftritt. Krasiński hatte verzweifelt nach einem tröstenden Zusammenhang zwischen dem strafenden Gott des Zorns und dem gütigen Gott der Liebe gesucht. Weitgehend umstritten bleibt die Interpretation der Schlussszene, die Frage, ob angesichts von Tod und Untergang eine Erlösung möglich ist, eine Auferstehung folgen könnte und ob gewalttätige Umstürze und Katastrophen wie auch das menschliche Leid für die Höherentwicklung des menschlichen Geistes möglicherweise sogar notwendig sein könnten. Das hatte jedenfalls der polnische Romantiker, Juliusz Słowacki, in einer ersehnten »Genesis aus dem Geist« gesehen. Es bleibt auch offen, ob sich die »Neophyten«, hypothetisch gesehen, »wirklich zu ihrem Herrn und Gott bekehren, während der Satan [...] endgültig in den Abgrund gestoßen wird.«[26] Krasiński, der einst an die Vision einer harmonischen Gesellschaft geglaubt hatte, musste erkennen, dass ein erträumtes »goldenes Zeitalter« utopisch war, da ein revolutionärer Umsturz keinen Fortschritt, keinen Frieden bringen kann. Vielmehr würden unterwürfige Diener, eine »Horde von Affen« in einer »Lakaien-Revolution«, den Platz ihrer vormaligen Herren einnehmen.[27] Im Zuge des blutigen Umsturzes, der gewalttätigen Machtergreifung, würden sie selbst andere erniedrigen, unterdrücken, versklaven und morden. Krasiński gab sich überzeugt, dass er die Zukunft mit all ihren Katastrophen und Konflikten voraussehen konnte, und er glaubte, dass er die über seine Zeit hinausreichende Wahrheit über die herrschenden Verhältnisse in der Welt zutreffend in seinem Werk niedergeschrieben hätte. In diesem Kontext verwundert es nicht, dass Krasińskis Auffassungen im 20. Jahrhundert in vielerlei Gestalt und im Zusammenhang mit gewalttätigen Revolutionen, Katastrophen, Dystopien, Kriegen und dem Totalitarismus sowohl von polnischen als auch nichtpolnischen Schriftstellern – wie z. B. Stanisław Ignacy Witkiewicz (Witkacy), Stefan Żeromski, Stefan Konwicki, George Orwell oder C. K. Chesterton immer wieder aufgegriffen wurden.[28]

[1] Zygmunt Krasiński: *Jak Dant(e) – przez piekło przeszedłem za życia*. Zitat nach: Halina Turkiewicz: *Jak Dant(e) – przez piekło przeszedłem za życia*. Wilnoteka, 23. Februar 2019 http://www.wilnoteka.lt/artykul/jak-dant-przez-pieklo-przeszedlem-za-zycia-0 [20.04.2021] Das Zitat stammt aus Krasińskis Gedicht *Prześwit* [Morgendämmerung] (1843), Übersetzung HCT

[2] Juliusz Słowacki: *Poema Piasta Dantyszka Herbu Leliwa o piekle.* Paryż (Paris): Bourgogne et Matinet 1839.

[3] Die erste vollständige polnische Ausgabe in der Übersetzung von Ant.(oni) Stanisławski erschien 1870 in Verlag von J.P. Zupański in Posen (Poznań).

[4] Vgl. dazu: Zygmunt Krasiński: *Listy do Delfiny Potockiej* [Briefe an Delfina Potocka], hrsg. v. Zbigniew Sudolski, T. I-III, Warszawa 1975, S. 310.

[5] Vgl. dazu: Arkadiusz Bagłajewski: Krasiński und die »Frau der Zukunft«, in: Alfred Gall, Thomas Grob, Andreas Lawaty (Hrsg.): *Romantik und Geschichte. Polnisches Paradigma, europäischer Kontext, deutsch-polnische Perspektive.* Wiesbaden: Harrasowitz, 2007, S. 348-368, hier S. 348.

[6] Der Begriff »Messianismus« wurde 1831 vom idealistischen polnischen Philosoph Józef Hoene-Wroński geprägt.

[7] Preisner, Walerian: *Dante i jego dzieła w Polsce. Bibliografia krytyczna z historycznym wstępem* [Dante und seine Werke in Polen. Eine kritische Bibliographie mit einer Einleitung versehen], Toruń 1957.

[8] Luigi Marinelli: *Polski Dantyzm Między Epiką a Etyką.* Roczniki Humanistyczne, Band LX, Heft I 2012, S. 127-163.

[9] Ebenda, S. 131-132.

[10] Witold, Gombrowicz: *O Dantem.* Zweisprachige Ausgabe (polnisch-französisch) Lausanne: L'Herne 1968.

[11] Stanisław Vincenz: *Dante i Mickiewicz* [Dante und Mickiwicz]. In: Ders. *Atlantyda. Pisma rozproszone z lat II wojny światowej* [Atlantis, Vereinzelte Schriften aus der Zeit des 2. Weltkriegs]. Warszawa 1994, S. 64.

[12] Vgl. dazu: Marinelli, op. cit, S. 142-143.

[13] Vgl. dazu: Marinelli, op. cit, S. 143.

[14] Zygmunt Krasiński: *Die Welt wird nicht mehr zu erretten sein…* Baden Baden, 30. August 1851.

[15] Die von Krasińskis in seinen *Zukunftspsalmen* artikulierten Meinungen führten u. a. zu kontroversen Auseinandersetzungen mit Juliusz Słowacki, an denen ihre Freundschaft zerbrach.

[16] Das Werk wurde mehrfach ins Deutsche übersetzte, u. a. von Christa Vogel: »*Un-göttliche Komödie*«, Berlin: Kiepenheuer Bühnenvertrieb 1988 und 2007.

[17] Zitat nach Halina Turkiewicz, *Jak Dant(e) przez piekło przeszedłem za życia*, op. cit., S. 1. http://www.wilnoteka.lt/artykul/jak-dant-przez-pieklo-przeszedlem-za-zycia-0 [20.4.2021].

[18] Ebenda, S. 130.

[19] Maria Janion: *Die Polen und ihre Vampire*, Berlin: Suhrkamp 2014, S. 312.

[20] Maria Janion: *Der Gründungsmythos des polnischen Antisemitismus*. In: Dies.: *Die Polen und ihre Vampire*, op. cit., S. 259- 314.

[21] Ebenda, S. 31f.

[22] Unter Verweis auf bildliche wie auch sprachliche Parallelen wird Krasińskis Drama in diesem Zusammenhang wiederholt als eine Vorläuferin der antisemitischen Fälschungen der *Protokolle der Weisen von Zion* gelesen (u. a. von G. K. Chesterton).

[23] Zitat nach Maria Janion: *Die Polen und ihre Vampire*, op. cit., S. 292.

[24] Die 1768 in Bar gegründete Konföderation polnischer Kleinadliger sprach sich für den Katholizismus als Staatsreligion aus, richtete sich zugleich gegen das eigene, im Interesse Russlands handelnde Staatsoberhaupt und diente der Verteidigung nationaler Interessen wie auch der Goldenen Freiheiten des Adels in der Polnisch-Litauischen Adelsrepublik.

[25] Zitat nach Maria Janion: *Die Polen und ihre Vampire*, op. cit., S. 293-294.

[26] Bogdan Burziej: *Izrael i Krzyż* [Israel und das Kreuz], zitiert nach: Maria Janion: *Die Polen und ihre Vampire*, op. cit., S. 293.

[27] Ebenda.

[28] Chesterton verfasste u. a. das Vorwort zu ersten aus dem Polnischen übersetzten englischsprachigen Ausgabe von *The Undivine Comedy* (1924). Vgl. dazu: Ewa Thompson: *On Zygmunt Krasinski's Undivined Comedy*. In: The Chesterton Review, Vol. 27, Issue 4. November 2001.

Freise, Matthias: Zygmunt Krasinskis »Un-Göttliche Komödie« im Dialog mit Dante. In: Franziska Meier, *Dante-Rezeption nach 1800*. Würzburg: Königshaus & Neumann 2018.

Gall, Alfred; Grob, Thomas; Lawaty, Andreas (Hrsg.): *Romantik und Geschichte. Polnisches Paradigma, europäischer Kontext, deutsch-polnische Perspektive*. Wiesbaden: Harrasowitz, 2007.

Kuciak, Agnieszka: *Dante romantyków: recepcja Boskiej Komedii u Mickiewicza, Słowackiego, Krasińskiego i Norwida*. [Dante der Romantiker: Die Rezeption der *Göttlichen Komödie* bei Mickiewicz, Słowacki, Krasiński und Norwid]. Poznań: Wydawnictwo Naukowe UAM 2003.

Kuciak, Agnieszka: *Dante Alighieri. Boska komedia*. [Dante Alighieri. *Göttliche Komödie*] Poznań 2006.

Janion, Maria: *Die Polen und ihre Vampire*, Berlin: Suhrkamp 2014.

Liwornia, Andrzej: *Dante, któż się odważy tłumaczyć«*. Studia o recepcje Dantego w Polsce. [Dante, wer traut sich denn zu übersetzen. Eine Studie über die Rezeption Dantes in Polen]. Warszawa 2005.

Marinelli, Luigi: *Polski Dantyzm Między Epiką a Etyką* [Der polnische Dantismus zwischen Ethik und Epik] Roczniki Humanistyczne, Band LX, Heft I, 2012, S. 127-163.

Meier, Franziska: *Dante Rezeption nach 1800*. Würzburg: Königshaus & Neumann 2018.

Meier, Franziska: *Dantes ›Göttliche Komödie‹. Eine Einführung*. München: C. H. Beck Wissen 2018.

Molden, Berthold: *Gekreuzte Geschichten. Erfahrungen des Exils in Mexiko und Österreich.* Wien: Bahoe Books, 2019.

Olcese, Gianluca: Italien – Polen als gekreuzte Geschichte(n). In: Christoph Oliver Mayer, Martin Henzelmann, Gianluca Olcese (Hrsg.): *Italien – Polen. Kulturtransfer im europäischen Kontext.* Berlin, Bern, Bruxelles et al.: Peter Lang, 2020.

Sauerland, Karol: *Krasinskis Un-Göttliche Komödie mit Blick auf Georg Büchner.* http://sauerland.pl/files/2020/SAUER-LAND_Krasinskis_Un-Gottliche_Komodie_mit_Blick_auf_Georg_Buchner.pdf [20.04.2021].

Turkiewicz, Halina: *Jak Dant(e) – przez piekło przeszedłem za życia.* [Dante gleich – durchschritt ich die Hölle zu Lebzeiten]. Vilnius: Wilnoteka, 23. Februar 2019 http://www.wilnoteka.lt/artykul/jak-dant-przez-pieklo-przeszedlem-za-zycia-0 [20.04.2021].

Ulbricht, Claudia: *Verflochtene Geschichte(n)*, Wien: Böhlau 2014.

Waśko, Andrzej: *Zygmunt Krasiński, oblicze poety* [Zygmunt Krasiński, Gesichter des Dichters], Kraków: Klasyka mniej znana 2001 [Klassik weniger bekannt].

Beatrice oder Die verklärte Herrin:

Dante Alighieri – Ein Essay

Von Volker Ebersbach

Über der Streitfrage, ob Kunst nur unterhalten, belustigen
und schmücken solle oder, wie Lessing eine seiner Schriften
betitelt, als Mittel zur »Erziehung des Menschengeschlechts«
tauge, oder ob sie beide Zwecke miteinander verbinden müsse,
wird eins leicht vergessen: Die Geschichte der Menschheit
kennt Kunst in ihren Erscheinungsformen über die längste
Zeit vor allem als den Ausdruck religiöser Gefühle. Ob der
Steinzeitmensch das Wild, das er mit Hilfe der Geister treffen wollte, an eine Höhlenwand malte, ob die Priesterkasten
im alten Ägypten und in Mesopotamiens Göttergeschich-
ten als Bildfriese meißeln und malen, Tempel bauen und
Hymnen dichten ließen, ob die Griechen zum Preis der Götter Statuen und Reliefs, Tragödien, Epen und Oden schu-
fen, ihre Geschichtsschreiber über Krieg und Frieden be-
richteten, ob die Römer, ihnen nacheifernd, ihren Göttern,
Standbildern und Porträtbüsten auch realistische Züge gaben, ob Jude, Christ und Moslem, Hindu oder Buddhist,
Azteke, Maya oder Inka die Heiligtümer und Paläste ausge-
stalten ließ, in denen Heilige Schriften verlesen, Gebete gesprochen wurden und Musik erklang, immer wurden die
Schönheit der Welt und ihr vorausgesetzter Sinn an heiligen Dingen dargestellt.

Metamorphosen der Liebe

Die Emanzipation der Kunst liegt, gemessen an solchen Zeit-
räumen, noch gar nicht weit zurück. Eins ihrer Themen al-

lerdings, das vielleicht älteste und gewiss das beliebteste, ist in allen Kulturkreisen mit stets erneuertem Mut aus der dienenden Rolle hervorgetreten, und es hat sich vorzugsweise die Dichtung erschlossen: die Liebe. Alle großen Dichtungen sind in ihrem Innersten Liebesgeschichten, nur ihre Gewandung ist vielfältig. Unbekleidet kommt sie selten daher. Nackt, so der ästhetische Grundsatz der Griechen, dürfen nur die Götter sich zeigen. Nicht einmal die Bibel brauchen wir von dem Reigen der Liebesaffären auszunehmen: Mit dem Augenblick, in dem Adam im Paradies Eva »erkennt«, beginnt die lange, wechselvolle Liebesgeschichte zwischen Gott und seinen Geschöpfen. Alle großen Werke der Weltliteratur zeigen, wie wenig von der Liebe zu erzählen wäre, beschränkte die Darstellung sich auf das Erotische, auf »Sex« vom Kuss bis zum Beischlaf. Eros liebt nicht nur die einzigartige Gelegenheit für eine unerhörte Begebenheit, sondern auch seine Verkleidungen auf tausenderlei Art.

Während die antiken Götter starben, musste sich der neue, der christliche Gott noch in den Katakomben bei den Armen und den Sklaven verbergen. Die Macht der römischen Kaiser wurde mit dem Gold aufgewogen, das durch die Hände von Beamten, Statthaltern und Soldaten floss. Alles wurde möglich, weil man alles kaufen konnte. Vermarkten ließ sich selbst das abwegigste Laster. Ein seelenloser Sex diente Wohlhabenden als Hausmittel gegen die Langeweile. Er wurde zum Gegenstand allgemeiner Korruption und für einige Unterprivilegierte zum einzigen Erwerb. Das höhlte die Gefühlswelt aller Beteiligten aus, die der Genießenden und die der Benutzten gleichermaßen. Mit dem Glauben an Götter ging deren sittigende Kraft verloren. Die unter den technischen Voraussetzungen dieser Zeit höchstentwickelte Zivilisation, die Wunder der Aquädukte, Fußbodenheizungen und Eiskeller, das – freilich kostspielige – Angebot nie gekannter Bequemlichkeiten begleitete einen unaufhaltsamen Verfall geistiger, sittlicher, religiöser Werte. Der Ansturm fremder Völker, germanischer Barbaren, der Westgoten und der Ostgoten, der Langobarden und Vandalen und die Raubzüge der Hunnen trafen auf ein Gemäuer, das nicht mehr lange standhielt, weil es darin schon seit langem rieselte. Weil die Römer mit ihrer Kultur selbst banausisch umgingen, weil Rom sich von innen her barbarisiert hatte, konnten Barbaren die Ewige Stadt plündern. Bevor sie in Trümmern lag, waren ihre Seelen und Herzen in Scherben zerbrochen.

Auf alles Erotische fiel ein rätselhafter, traumatischer Fluch. Den vergewaltigten römischen Frauen sagte der Kirchenvater Augustinus, ihnen sei Recht geschehen, denn sie hätten vorher schon jede Zucht verloren. Das klassisch ausgewogene Lustkalkül Epikurs, dem vornehme und gebildete Römer gehuldigt hatten, auch wenn sie sich wie Seneca als Stoiker ausgaben, bestand in einer klugen Mäßigung in allen Genüssen ohne drastischen Verzicht. Einfache Bescheidenheit befreite den Genießer von den Zwängen sich ständig steigernder Ansprüche. Doch Epikur, der Philosoph des rechten Maßes, musste für einen Etikettenschwindel herhalten. Auch wer sich der Völlerei hingab und Orgien feierte, gab sich als »Epikureer« aus. »Das Fleisch«, urteilte Heinrich Heine, »war so frech geworden in dieser Römerwelt, dass es wohl der christlichen Disziplinierung bedurfte, um es zu züchtigen. Nach dem Gastmahl des Trimalkion bedurfte es einer Hungerkur gleich dem Christentum.« Das Fleisch war aber in all seiner Frechheit auch erschlafft und gierte nach immer raffinierteren Stimulantien. Eine ganze Gesellschaft glitt ab in eine Art kollektiver postkoitaler Melancholie. Einer grellen epochalen Orgie folgte eine Epoche der finstersten Ernüchterung. Gerade bei den Begüterten breitete sich in ganzen durch Ausschweifungen erschöpften Generationen eine Frigidität des Überdrusses aus.

Das Trauma der Sünde war der Boden für die asketischen Ideale des Christentums.

Die öffentliche Ordnung verlangt bei Katastrophen das Verzichten auch von denen, die es nicht gewohnt sind, weil sie es bis dahin nie mussten. Wo niemand mehr freiwillig verzichtet, schlägt die Stunde der Verbote. Die Gesetze der Unsterblichen hatten versagt. Ohnehin brauchten die Götter selbst, unter ihnen Venus und ihr unberechenbarer Sohn Cupido, sich nicht an sie zu halten. Sie sind nun gleich Schatten in den Tiefen des Orkus verschwunden oder zu bösen Dämonen im Gefolge des Teufels geworden. Verbote aber schaffen ein Klima des allgemeinen Verdachts. Augustinus entwickelt über den Mythos vom »Sündenfall« des ersten Menschenpaares die Lehre von der »Erbsünde«, die jedem Menschen von seiner Geburt her anhafte, und die »unbefleckte« Empfängnis Marias setzt voraus, dass jede Empfängnis »befleckt« sei. Die staatstragende Kraft des Christentums begleitet mit solchen Dogmen den Untergang der römischen Welt. Auf dem Humus der entgötterten Antike wächst der Glaube an einen einzigen Gott, und aus diesem Glauben erhebt sich die Welt des Mittelalters, eine düstere Geschichte der Verdächtigungen alles Erotischen. Die seelische Irrfahrt einer oft »abendländisch« genannten Kultur führt durch dunkle Klosterzellen, kalte und feuchte Gewölbe, kahle Hallen und Verliese, erhellt nur von den rußenden Fackeln oder den lichtflirrenden Verklärungen verzückter Phantasien.

Nun muss der Eros sich in die Katakomben zurückziehen, die den ersten Christen Schutz vor Verfolgung boten, und sich im Untergrund huldigen lassen. Gegen das heitere, sinnenfrohe, zivilisierte Heidentum der Antike grenzt sich die christliche Kirche schroff ab. Doch einige Elemente des keltisch-germanischen Heidentums, die den Sitten nicht so gefährlich werden und den neuen Enthaltsamkeitsregeln ähneln, verleibt ihr das Geschick mönchischer Gelehrter und edler Barden ein. Wieder ist es die Dichtung, die den so süß verlockenden wie dämonischen Zauber des Eros nicht verheimlicht: Der Sagenkreis um König Artus und den Zauberer Merlin, aus dem die schönsten Gesänge und Erzählungen des Hochmittelalters schöpfen, bezieht die innerste Triebfeder seiner Geschehnisse aus Liebesgeschichten am Rand oder jenseits des Erlaubten. Artus wird im Ehebruch gezeugt, wird, indem er als einziger das Schwert aus dem Fels zu ziehen vermag, König durch ein Naturwunder und verstrickt sich in einen Inzest mit seiner Halbschwester Morgane, und hinter all dem wirkt, mit den Naturkräften im Bunde, der den Druiden ähnliche Merlin. Guinevere, die Gemahlin des Artus, bricht mit dem Ritter Lancelot aus ihrer Ehe aus. Artus fällt schließlich wie Odysseus von der Hand des eigenen außerehelichen Sohnes. Dass aus der tiefsten Sünde aber durch die äußerste Buße ein Weg in die Heiligkeit führen könne, erzählt die Inzestlegende um Gregorius, der Papst wird. Und auch die Tafelrunde um den König Artus kennt den sich läuternden Parzival auf seiner Suche nach dem heiligen Gral.

Schon in den Briefen der Apostel Paulus und Petrus an die Römer, die in der Stadt und auch in den Provinzen noch den obszönen Reigen des Untergangs mit eigenen Augen sahen, erhält der Begriff der Liebe eine andere Dimension. Nachdem Platon diese Art der Liebe mit seiner Philosophie für die ganze hellenistische Welt vorbereitet hatte, wurde sie sofort verstanden und mit der Gestalt Christi verbunden. Eben darum brachte Augustinus es fertig, auch die von den Goten bei der Erstürmung Roms vergewaltigten Christinnen zu beruhigen: Dieser erzwungene, dem Herzen und der Seele ferne Geschlechtsakt sei keine Sünde vor Gott. Platonische Philosophie und christliche Religiosität sind die Wurzeln der unerotischen Nächstenliebe. Sie sind aber auch die Keime für die neuartige Erotik, die in der Ritterlichkeit des Minnedienstes gedeiht. Sie unterscheidet streng das Begehren von der Erfüllung und das Gefühl vom Genuss, und diese Unterscheidung trennt auch Seele und Herz von den Zeugungsorganen. Doch die moderne Psychologie hat erkundet, dass diese Trennung nur scheinbar erfolgt. In ihren glanzvollsten künstlerischen Zeugnissen erweist sie sich als eine neue Raffinesse des Eros: Das nicht eingestandene und verdrängte Begehren ersinnt Umwege zu ungeahnt anderen, interessanteren Formen der Erfüllung: Enthaltsamkeit macht die Liebe süß. Der hinausgezögerte Genuss lässt das Gefühl reifen. Wer sein Zeugungsorgan kalt abtut, dem wird es desto wärmer um das Herz und in der Seele. Immer ist diese Liebe auch ein Amalgam mit religiösen Empfindungen: Aus dem Weinkelch des Abendmahls schimmert unerkannt der vergessene Erlöser Dionysos mit den Zügen Christi, denn beide waren blutige Erlöser. Die Madonna hält den Jesusknaben auf dem Schoß wie Venus den Amor oder den Cupido. Aphrodite, bei den Griechen meist nackt, hüllt sich in ein Gewand, und das Gewand der Liebe heißt nun Tugend, und in den Marienandachten und Christusmysterien genießen jetzt Aphrodite und Eros unter dem frommen Alibi des neuen Glaubens wieder göttliche Ehren. Die Liebe wird wieder heilig.

»Der Name Mittelalter«, so Jakob Burckhardt 1882, »ist eigentlich entstanden als Huldigung gegen das Altertum. Er bedeutet ›die mittleren Zeiten‹.« Gebildete vergaßen nie völlig, woher ihre Kultur kam, selbst wenn sie ein Mönchsleben in Klöstern führten. Sonst wäre uns aus Zeiten, in denen es keinen Buchdruck gab, in denen alle Texte, von der Bibel bis zum Versepos, handschriftlich vervielfältigt werden mussten, nichts Heidnisches überliefert worden. Manche Dichtungen wurden zwar heimlich abgeschrieben. Andere hat die Kirche selbst begünstigt, wie etwa die Werke des Vergil, weil ihnen Ahnungen des Christentums zugebil-

ligt wurden. Immer war eine Auferstehung, die »Wiederge-
burt« der griechisch-römischen Welt zu erahnen. Vor der
eigentlichen Renaissance gab es schon eine »karolingische«
und eine »ottonische« Wiederbelebung des antiken Schrift-
gutes, und der staufische Kaiser Friedrich II., gestorben nur
fünfzehn Jahre vor Dantes Geburt, war einer der Vorboten
einer Epoche, die aus dem Mittelalter erwuchs und es schließlich überwand. Dante Alighieri, der Dichter und der Philosoph, trug sein Werk wie die reifste Frucht des Mittelalters
selbst über die Schwelle zur Renaissance. Inmitten der
christlich mystischen Gegenwelten, die er in der *Göttlichen
Komödie* durchwandert – Hölle, Läuterungsberg und Paradies –, tummeln sich antike Gestalten, als wären sie nie vergessen worden, und es ist der römische Dichter Vergil, der,
durch die Kirche vom »Heidentum« gewissermaßen freige-
sprochen, sein erster Begleiter wird. Seine Dichtung, in der
Aeneas, der Halbgott, Sohn der Venus und des Anchises,
der Ahnherr der Römer, durch den Schattenreigen der Unterwelt bis ins Elysium gelangt, lieferte das Muster. Dante er-
spürte in der Heraufkunft einer neuen Geistesfreiheit auch
schon eine Wiederkehr ungezügelter Machtinstinkte und
die Auferstehung neuer furchtbarer Dämonen.

Das Gefühl weniger hochgebildeter Menschen des Mittelalters, einen Übergang zwischen zwei anderen Epochen
zu durchleben, war zugleich die Vorausschau auf das Anbre-
chen der Neuzeit, die alle Spielarten der Liebe in immer
feineren psychologischen Beobachtungen schrittweise der
aufgeklärten Bewertung entgegenführte, die uns heute ge-
läufig ist. Entscheidendes hat zu dieser Neubesinnung die
Psychoanalyse beigetragen. Seit die *Drei Abhandlungen zur
Sexualtheorie* von Sigmund Freud erschienen sind, ist die
»Kinderliebe« kein Rührstück für reine Seelen und eine
»präpuberale« Erotik kein Tabu mehr. Sie deckten den Beginn unseres Sexuallebens in unserer Kindheit auf, in einer

der eigenen Erinnerung weitgehend verdeckten, »gleichsam prähistorischen Vorzeit« des Individuums. Allerdings erwies sich die Auswertung dieser Entdeckung als noch nicht fein genug. C. G. Jung gebührt ein doppeltes Verdienst: Er entlastete die Sexualität nicht nur von allem Schuldhaften, sondern er befreite den Begriff der Libido aus der Einengung auf das Sexuelle, die Freud unter der Übermacht des bürgerlichen Tabus vorgenommen hatte. Die Libido und ihre Sublimierung waren den Griechen nicht ganz unvertraut, den Pythagoreern, Orphikern und Neuplatonikern: Auch sie schrieben den Schaffensdrang des Künstlers, das originelle Denken eines Philosophen und das leidenschaftliche, nach Macht strebende Handeln öffentlicher Menschen dem Einfluss des Gottes Eros zu. Dantes Dichtung um seine Liebe zu Beatrice ist ein erstes Psychogramm, in dem die beseligenden Erfahrungen des Eros in die Verklärungen des Glaubens hinüberfließen.

Ein Gruß

Diese Liebesgeschichte beginnt so einfach, dass mancher, der über Dante schrieb, sie als unglaubwürdig und romanhaft bezweifelte oder ganz verwarf. Warme Frühlingssonne erleuchtet die Hügel der Toskana und die Gassen und Gärten der Stadt am Arno. Florenz ist schon eine der größten europäischen Städte dieser Zeit. Noch überragen nicht die weit ausladend gewölbte Kuppel Brunelleschis und der marmorweiße Campanile Giottos die ziegelroten Dächer. Sondern die düsteren, schmucklosen Wohntürme der untereinander vielfach zerstrittenen Adelsgeschlechter werfen, wie es heute nur noch in San Gimignano zu sehen ist, ihre Schatten auf ärmlichere Quartiere. Es ist der 1. Mai des Jahres 1274. Der begüterte Kaufmann Folco Portinari gibt in seinem Garten mit Musik, Wein und Speisen ein Blütenfest.

Eingeladen sind Geschäftsleute und Nachbarn, unter ihnen auch die zum niederen Adel gehörende Familie Alighieri. Ihr Sohn Dante, noch nicht ganz neun Jahre alt, erblickt zwischen den spielenden Kindern Bice, die Tochter des Hauses. Das rote Kleid leuchtet im frischen Grün des sprießenden Laubes. Sie steht, bezeugt der Dichter später,»im Beginn ihres neunten Lebensjahres«.

Die Begegnung entscheidet über sein ganzes Leben, nicht über den äußeren Ablauf, sondern über die Entwicklung seiner Seele. Sie dringt in seine ihm noch wenig bewusste Gefühlswelt so tief, dass er die in Kommentare eingebettete Gedichtsammlung über das Erlebnis und alles, was daraus noch folgen wird, *La vita nuova* nennt: Das Neue Leben.»Sie erschien mir, in ein Gewand von der edelsten Farbe gekleidet, blutrot, bescheiden und ehrbar, gegürtet und geschmückt nach der Weise, die ihrem allerjugendlichsten Alter geziemte. In diesem Augenblick, das kann ich wahrhaftig sagen, begann der Geist des Lebens, der in der geheimsten Kammer des Herzens wohnt, so heftig zu zittern, dass er mir in den leisesten Pulsen furchtbar erschien; und zitternd sagte er die folgenden Worte:»Siehe, ein Gott, der stärker als ich ist und der daherkommt und mich beherrschen wird.«

Zu Dantes Biographie ist wenig Gesichertes überliefert. Er wurde wohl am 30. Mai 1265 in Florenz geboren, zog als junger Mann für seine Stadt in einen Krieg, heiratete und bekleidete ein Staatsamt. Er wurde von politischen Gegnern gejagt, gefasst und zum Tode verurteilt. Als ein Verbannter und später in diplomatischem Dienst zog er dichtend umher und sah seine Vaterstadt nie wieder. In der Nacht vom 13. zum 14. September 1321 starb er in Ravenna. Einige Lebensumstände sind aus seinen Dichtungen erschlossen worden. Heller als alles erstrahlt darin ein Stern namens Beatrice.

War aber Beatrice das Mädchen mit der umgangssprachlichen Form ihres Namens Bice? Liegt dem, was Dante selbst uns darüber erzählt und andere bezeugen, eine wahre Liebesgeschichte zugrunde? Wir wissen es nicht. Sein erster Biograph Giovanni Boccaccio (1313-1375), bekannt als Verfasser der leichtfüßigen Novellensammlung *Dekamerone*, will von Zeitgenossen erfahren haben, dass sie »im Verhältnis zu ihren Jahren recht artig und in ihren Gebärden sehr edel und gefällig war und von Reden und Betragen, die viel ernster und gesitteter waren, als ihr Alter es erheischte; überdies hatte sie Gesichtszüge, die recht fein und ebenmäßig waren und, abgesehen von der Schönheit, voll von so edlem Liebreiz, dass sie von vielen fast für ein Engelein geachtet wurde.« Er beruft sich bei dieser Schilderung Beatrices auf Auskünfte naher Verwandter, setzt also schon die Zweifel seiner Leser voraus. Der Erzähler amüsanter, lasziver und sinnenfroher Liebesabenteuer urteilt aus dem Abstand einer anderen Generation, der Dantes ätherische Art zu lieben kaum verständlich erscheint, dennoch sehr einfühlsam: So ohne »lüsterne Begierde« sei sie »kein geringes Staunen der gegenwärtigen Welt, aus der jedes ehrbare Vergnügen geflohen ist und die sich daran gewöhnt hat, das, was gefällt, ihrer Unzüchtigkeit nach zu besitzen, bevor sie es zu lieben erwogen hat.«

Gerade der besitzergreifende Eros fehlt Dantes Liebe zu Beatrice in den folgenden Jahren, in denen die neugierigen Wünsche der Pubertät nicht ausgeblieben sein können. Lange geschieht in dieser Liebesgeschichte, wenigstens äußerlich, nichts. Die beiden sind Nachbarskinder, und doch haben sie sich, folgt man der *Vita nuova*, nach neun Jahren erst wiedergesehen. Vielleicht halten eine strenge Erziehung und der Standesunterschied ihre Wege so weit voneinander entfernt, dass nicht einmal ein Zufall sie zusammenführt. Die genau gestaffelte Abfolge von Strafe, Bewährung und

Erlösung, die der Dichter in der *Göttlichen Komödie* seiner Wanderung durch das Jenseits unterlegt, lässt auf eine sehr pedantische häusliche Pädagogik im Klima von Sünde und Vergebung schließen, die, früh verinnerlicht, in das Verhältnis zum anderen Geschlecht so starke Hemmungen eingebaut hat. Vielleicht zählt es in der Phantasie des Knaben nicht, wenn man einander nur flüchtig und von fern erblickt, vielleicht sind die Kinder auch dazu angehalten worden, ihre Blicke abzuwenden. Denn in seinem Herzen gehen, noch ohne, dass er sich darüber Rechenschaft ablegen könnte, zarte und große Dinge vor. Doch auch die Wiederbegegnung – sie besteht eigentlich nur aus einer Geste – leitet keine neue Etappe, keine Annäherungsversuche ein, zu denen etwa die Lektüre des Ovid ihm Rezepte hätte liefern können. Er ist nun achtzehn Jahre alt und sie etwas über siebzehn.

Diesmal kommt ihm das »wunderbare Mädchen« auf der Straße entgegen, so dass kein Ausweichen mehr möglich ist, »in das allerweißeste Gewand gehüllt und inmitten zweier edler Frauen von älteren Jahren.« Und der junge Mann verharrt wie angewurzelt, »furchtsam und schüchtern«. Auch Beatrice erkennt ihn wieder, auch sie hat also das Fest im elterlichen Garten an jenem Maientag nicht vergessen. Sie grüßt ihn »sehr tugendlich«. Ist seit damals auch in ihrem Herzen etwas vorgegangen? Oder weiß sie sich nicht anders aus seinem überraschten, fast schreckensstarren Blick zu lösen? Ihr schlichtes Grußwort übersteigert für ihn das Ereignis. Der Verliebte empfindet solch eine »Wonne«, dass er das »Endziel aller Seligkeit zu schauen« meint, und er eilt »wie trunken aus der Menge«.

Zu Hause, »in der Einsamkeit eines Zimmers«, fällt er wie betäubt aus dem langen Nachsinnen über »jene Liebenswürdige« in tiefen Schlaf. Aus »feuerfarbenem Nebel« tritt ein Traumgesicht: Eine gebieterische Gestalt, furchtbar zu schauen, sagt zu ihm: »Ich bin dein Herr!« In seinen Armen schläft ein Weib. Es ist völlig nackt. Der Träumende erkennt »die Herrin des Grußes«. Die Hand des Gebieters aber hält etwas Glühendes und spricht: »Sieh hier dein Herz!« Und nun vollzieht sich das schicksalhafte Gleichnis: Die Schlafende erwacht und tut, was Amor – denn kein anderer ist die gebieterische, wie von magischen Kräften umspielte Traumgestalt – ihr befiehlt: Sie isst das Herz des Träumenden, »zuletzt mit Zögern«. Dann überkommt das herrische Wesen, das den Befehl gab, »das bitterste Weinen«. Voller »Angst und Beklemmung« sieht der Träumende, wie Amor »jenes Weib wieder in seine Arme« nimmt und mit ihr gen Himmel schwebt, und er erwacht.

So viel Symbolhaftes, das scheinbar leicht begreiflich ist und für sich selbst spricht, hat manchen Dante-Forscher stutzig gemacht. Was da erzählt wird, hat zwar die Gestalt eines poetischen Tagebuches, ist aber viel später, vielleicht um 1293, niedergeschrieben worden. In dem Bewusstsein späterer Jahrzehnte entspricht Amor nicht mehr allein der sinnlichen Liebe, dem leidenschaftlichen Verlangen nach Schönem, wie es der griechische Gott Eros verkörperte, sondern auch der christlich-platonischen Liebe von Geschöpf zu Geschöpf, der »Nächstenliebe«, der Liebe Gottes zu seinen Geschöpfen und der Liebe der Menschen zu Gott. Er ähnelt dem thronenden Weltenherrscher Christus, auch wenn es der Traum noch nicht enthüllt hat. Doch ein nacktes Weib in seinen Armen? Eine Blasphemie!

Wirkt dieses Geflecht aus Symbolen nicht allzu perfekt, als dass man alles für wahr halten dürfte? Der Dichter stützt das, was ihm bedeutsam erscheint, auf eine pedantische Zahlensymbolik, in der die Neun eine besondere Rolle spielt. Hätte er aber alles erfunden, wäre es nicht nötig gewesen, arabische Kalendarien zu bemühen, damit diese mystischen Zahlenspiele aufgehen. Der Name Beatrice bedeutet »die

Beseligende«, passt also genau zu dem, was sie für Dante bedeuten soll. Ist es dann nicht zu voreilig und kurzschlüssig, das Mädchen mit Bice Portinari gleichzusetzen?

Weibliche Decknamen wie Lesbia, Cynthia, Lycoris, Delia und Corinna benutzte die antike Liebeslyrik gerade, wenn sie die irdische, sinnliche Liebe besang. Dantes Name, »der Gebende«, passt schließlich auch zu dem Dichterphilosophen, als der er in die Welt des Geistes einging, wie ausgesucht und ist nicht erfunden. Ist Dantes Liebe zu Beatrice aber etwas anderes als christliche Frömmigkeit, wenn der Gruß sich symbolisch mit dem Namen des Mädchens verbindet, indem er dem Gegrüßten das Heil seiner Seele verheißt, ihn aus der »umiltà« seiner Erbsünde in die Gemeinde derer emporhebt, denen vergeben werden soll, und somit zum Inbegriff des höchsten Glücks, zu einer »unio mystica« unter Gläubigen wird? Bringen die beiden Gewandfarben nicht eine weitere Symbolik in diese Liebesgeschichte, die ihnen das Zufällige einer tatsächlichen Begegnung nimmt? Das rote Gewand der ersten bezeichnete dann wohl das Liebeserwachen, das weiße der zweiten die engelhafte Reinheit. Könnten die beiden älteren »Donnen«, mit denen dieser grüßende Engel vorübergeht, nicht das Alte und das Neue Testament verkörpern? Spielt der Titel *Vita nuova*, unter dem Dante dies erzählt, an den sechsten Römerbrief des Apostels Paulus an, in dem es über das Mysterium der Taufe und der Auferstehung Christi heißt: So sollen »auch wir in einem *neuen Leben* wandeln«? Schildert Dante in seinem Büchlein nicht mit modischen Mitteln der Zeit eine religiöse Erweckung? Ist seine Liebe zu der schemenhaften Beatrice etwas anderes als das erstrebte Leben in der Gemeinschaft mit Gott?

Die poetische Mode, die in Dantes Zeit aufkam und deshalb seine Liebesgeschichte als eine frei erfundene verdächtig macht, hieß »dolce stil novo«, der »süße neue Stil«. Der um 1276 gestorbene Poet Guido Guinizelli hat sie mit Balladen, Kanzonen und Sonetten begründet. Während seines Studiums an der Universität Bologna, über das uns genauere Daten fehlen, kann Dante Dichtungen dieser Art kennengelernt haben. Guinizellis neue Poetik findet in der Liebe das Motiv, ein besserer Mensch zu werden. Eine geliebte Frau gilt ihm als ein göttliches Idealbild der Tugend. Zu lieben heißt ihm, einer schönen Frau würdig zu werden. So lieben zu können, ist für ihn ein Adel des Herzens und des Geistes, den er über den Geburtsadel stellt. Auch andere Dichter dieser Zeit, unter ihnen Cino da Pistoia (um 1270 - um 1336), vor allem aber der ältere und mit Dante befreundete Guido Cavalcanti (um 1259-1300), stilisieren, geschult am Gesang provenzalischer Troubadours, am Minnesang des Hochmittelalters, die Liebe zu einem Sinnbild christlicher Frömmigkeit und zu einem Vorgefühl des Paradieses. Dass Dante einen Teil seiner Studienzeit in Paris verbracht und dort selbst französische Vorbilder kennengelernt haben könnte, kann nicht belegt werden. Sicher ist aber: Im Hintergrund seiner Dichtung steht Franz von Assisi, der 1228, nur zwei Jahre nach seinem Tod, heiliggesprochen wurde. Eine »franziskanische« Richtung der Literatur, die sich ganz seinen Lehren verpflichtet fühlte, nannte ihn auch den »Troubadour Gottes«. Die Bettelmönche, bei denen Dante in die Schule ging, lebten im Kloster seiner Taufkirche Santa Croce, in der Dantes Gebeine ihre letzte Ruhe fanden und Boccaccio später die ersten Vorlesungen über ihn hielt.

Das letzte Kapitel der *Vita nuova* wirft ein merkwürdiges Zwielicht auf das, was der Dichter erzählt: Es kündigt die *Göttliche Komödie* und die Verklärung Beatrices an. Verklärt werden kann allerdings nur etwas, das zuvor profan gewesen ist. So zart, rein, tugendhaft und vergeistigt Dantes Liebe schließlich werden mag – in seinem Traum hat er Beatrice nackt gesehen. Der Dichter zähmt die wilde, begehrliche Spannung einer Liebe, die eigentlich jede Moral entwaffnen würde, damit seine Seele sich den Forderungen des Jenseits öffnen kann. Nicht ohne eine poetische Raffinesse gibt der schüchterne Mann den christlichen Geboten der Tugend, des Verzichts und der Nächstenliebe das Aroma einer sublimierten Erotik.

Das verlorene Lächeln

Ein der Welt zugewandter Mann wird Dante in doppeltem Sinn: Er wendet sich zunächst der Dichtkunst und dann der Politik zu. Ersten Ruhm erntet er 1283, im Jahr des Grußes. Mit Erfolg ist er als Lyriker an die Öffentlichkeit getreten. Der *Canzoniere*, eine subtile Gedichtsammlung, deren Anfänge in diese Zeit zurückreichen, weiß noch von irdischen und flatterhaften Liebeleien mit mehreren Mädchen, mit einer Pietra, einer Violetta, einer Pargoletta, einer Lisetta. Was Beatrice angeht, so bescheidet er sich mit dem beseligenden Ritual, einander zu sehen und zu grüßen. Anders will es der Liebende nicht, denn »aus Liebe« fühlt er sich »hinfällig und schwach« werden. Die seelische Erregung lähmt ihn körperlich. Die Affektation packt ihn so, dass er den Mut zu weiterführenden Schritten verliert. »Und wenn das allerliebste Weib grüßte, da stand die Liebe nicht etwa im Wege, so dass sie die schier unerträgliche Seligkeit verfinstert hätte, sondern gleichsam durch ein Übermaß der Wonne wuchs sie so, dass mein Leib, der ganz ihren Geboten unterworfen war, sich nur wie etwas Schweres und Lebloses bewegte.« So könnte es weitergehen.

Da nimmt die Liebesgeschichte doch eine unverhoffte Wendung: Beatrice erwidert seinen Gruß nicht mehr. Warum? Hat sie etwas von seinen Abenteuern erfahren? Wird sie eifersüchtig? Es kommt schlimmer: An einem Ort, »wo viele liebliche Frauen versammelt« sind, »unter ihnen die holdselige Beatrice«, auf der Hochzeit einer »vornehmen Dame«, gerät er, bei ihrem Anblick buchstäblich entgeistert, in ein nervöses Zittern. Es bleibt nicht unbemerkt. Die jungen Frauen machen sich zusammen »mit jener Lieblichsten« laut über ihn lustig. Eine der Frauen, die ihn verstohlen belächelt haben, fragt ihn bei einer anderen Gelegenheit: »Zu welchem Ende liebst du jenes Weib, da du ihre Gegenwart doch nicht ertragen kannst?« Und sie spricht aus, was sie vermutet: »Das Ziel solch einer Liebe muss ganz ein neues sein.« Der zaghafte Liebhaber ist zum Stadtgespräch geworden, und selbst erfährt er es zuletzt. In einer großen Kanzone erklärt er sich: »O Frauen, die ihr wisst, was Liebe sei...«. In der Art der Minnelyrik fährt er fort und zeichnet das Bild einer keuschen Liebe, die, fern aller Begierden, sich ins Metaphysische gesteigert hat, die in der Schönheit einer reinen Frau, auch in der Schönheit des Gesichts und im »Adel ihres Leibes«, Gott als Schöpfer des Universums anbetet, die in vollkommener Unschuld die Verkörperung einer Idee verherrlicht und den sehnlichen Wunsch weckt, »ihr zu gleichen«, die das Erscheinen der schönen Frau voll Ehrfurcht als Gottesanbetung erlebt und ihr Lächeln als Hoffnung auf eine Erlösung von »der Hölle Grauen« feiert.

Wieder regt sich ein Verdacht, alles, was wir über Beatrice erfahren, sei Allegorie. Ist diese Liebesgeschichte nur eine theologische Parabel? Sollte es keinen irdischen Anstoß gegeben haben, den Augenblick, in dem nach einer alten Vorstellung Cupidos Pfeil direkt in das Herz des Dichters getroffen hätte? Warum ein wirkliches Liebeserlebnis bezweifeln, dessen Muster Allegorie und Parabel nur nachzeichnen? Sollte eine so früh aufkeimende, so verhalten zärtliche, so bis zur Sinnenferne keusche Liebe nicht möglich gewesen sein? Könnte er nicht viel eher diese Mädchen Pietra, Violetta, Pargoletta, Lisetta nur erfunden haben? Dante selbst verrät, er habe einige seiner Liebesgedichte nur vorgeblich an andere Frauen gerichtet, um seine wahre Liebe zu Beatrice geheim zu halten. In diesen Versen setzt er ausdrücklich Erfahrungen mit wirklichen, liebeskundigen Mädchen voraus. Dann wäre die Verweigerung des Grußes ein Missgeschick mit einem realen Grund: Der edelste aller Liebhaber hätte mit ein paar amourös bramarbasierenden Liebesliedchen zwar die Gunst des Publikums erworben, sich aber zugleich um das Lächeln seiner Angebeteten gebracht, das ihm die Verheißung der ewigen Seligkeit bedeutete, und seine einzige Liebe wäre verloren. Er hat noch nicht um ihre Hand angehalten, da wird ihm schon bedeutet, dass er abgewiesen würde.

Nicht dass es keine derberen Vergnügungen gegeben hätte, die ihm verargt werden und nun wie eine unwürdige Entgleisung das Gewissen beschweren. Boccaccio bezeugt, Dante habe zur »Fleischeslust« sehr wohl eine starke Neigung gehabt. Der Dichter der *Vita nuova* verwechselt sie aber nicht mit Liebe. Sie ist ihm nicht ins Herz gefahren und hatte mit dem gebieterischen Amor, der in seinem Traum Beatrice sein Herz zu essen gab, nichts zu tun. Freilich, seine Unschuld verlor er dabei. Die bloße Lust gehört, wie ihm die Verweigerung des heiß begehrten Grußes und die spöttische Bloßstellung seiner wahren Liebe bitter zu erkennen gibt, unter die verdammungswürdigsten Dinge. Angefüllt sein mit Strafen für eine wollüstige Liebe wird das »Inferno« der *Göttlichen Komödie*, etwa für die zwischen Francesca da Rimini und Paolo, dem Bruder ihres widerwärtigen Gatten Gianciotto Malatesta, die 1286 beide das Leben gekostet hatte. Dante selbst muss auf der siebenten Ringterrasse des »Purgatorio«, wo die Lüsternen büßen, in den Flammenkreis eintreten, um das letzte Zeichen der Schande an seiner Stirn auszulöschen.

Zum tändelnden Flatterer, zum Schürzenjäger ist ein Mensch wie Dante aber gar nicht geschaffen. Schauen wir ihn doch an, wie ihn Nardo di Cione, Giotto, Raffael und andere übereinstimmend porträtiert haben: Der hohe, schmale Schädel, die hageren, mit zunehmendem Alter tief gefurchten Wangen, das starke Kinn, die dünnen Lippen und die überlange, schmal gebogene Nase verraten einen tiefernsten, ehrgeizigen, selbstbewussten und in seinem Stolz, wie Boccaccio sagt, leicht reizbaren Mann. Die moderne Psychologie hat mit ihren Standardbegriffen wie »Ödipuskomplex« oder »Narzissmus« manches von dem verdeutlicht, was in griechischen Mythen vorgeprägt war. Sie kann auch das Rätsel Dante lösen. Dass an seiner Liebesgeschichte mit Beatrice vieles eine spätere Interpretation der eigenen Gefühle ist, macht diese Gefühle und die Person, der sie gelten, noch nicht zu Erfindungen. Das Testament des Folco Portinari vom 15.1.1288 bezeugt, dass er wirklich eine Tochter namens Beatrice hatte. Sie war zu der Zeit mit Simone de' Bardi verheiratet, kann also, wie aus Dantes Angaben zu errechnen wäre, 1266 geboren sein. Am 9. Juni 1290 ist sie gestorben. Es mag als Kunstgriff gelten, eine Liebe, die von Sex nichts wissen soll, in ein möglichst frühes Alter zu legen. Das schließt aber gerade nicht aus, dass es sie wirklich gegeben hat. Die Kindlichkeit Beatrices steht bei der ersten Begegnung für ihre Reinheit, ihre Unschuld, ihre Jungfräulichkeit und macht sie tabu für irdisch-sinnliches Begehren; ihr früher Tod öffnet für die Liebe Dantes, die von jeder irdischen, ehelichen Verbindung absah, die Ewigkeit. Die für eine allererste Liebe, für eine »Kinderliebe« nicht untypische sofortige Verklärung des Mädchens will gar keine wirkliche Annäherung. Es gibt für diese Art zu lieben keine Hoffnung, verstanden zu werden. Nur die »Seele« des Verliebten kann ein Partner der Geliebten sein, und sie ist der anderen »Seele« auch sogleich »angetraut«. Ein noch vorpubertäres und doch schon heftiges, entmutigend heftiges erotisches Erlebnis des Knaben, der sich des natürlichen Ziels seiner Wünsche gar nicht bewusst und dafür physisch nicht reif genug ist, entwickelt sich an seiner Pubertät vorbei zu jener »keuschen« und anbetenden Liebe zu einem »Engel«, zu einer idealen Frau, in der ihm Gott erscheint. So wird Eros zur Frömmigkeit sublimiert. So wird, einmal mit C. G. Jung gesprochen, das Mädchen Beatrice zu einer »Projektion« des im kollektiven Unbewussten dieses Zeitalters schlummernden Ich-Ideals.

Solch eine Sublimation des Eros ist aber niemals die Sache kalter und trockener Naturen. Es muss eine Kraft da sein, die das Sublimieren betreibt. Daraus folgt, dass ein starker Geschlechtstrieb zu großen poetischen Bildern führen kann. Lange vor Freud hat es Nietzsche durchschaut, dass die Geschlechtlichkeit eines Menschen bis in seine höchste Geistigkeit hinaufreiche, dass es sich um »ein und dieselbe Kraft« handelt, »die man in der Kunst-Konzeption und die man im geschlechtlichen Akt ausgibt«, dass es namentlich aber die Menschen der sublimierten Geschlechtlichkeit« sind, die »im Christentum ihren Fund gemacht« haben. Dante interpretiert als Dichter den Augenblick, in dem, weltlich gesehen, sein Herz von Cupidos Pfeil getroffen wird, also als seine religiöse Erweckung. Das passt zu einer Begegnung im Kindesalter, die das Feuer, das sie geweckt hat, als das reine und unerotische, also göttliche ausweist, das er für seine Dichtung braucht. Er kann dazu aber nur das benutzen, was ihm in irgendeiner Weise tatsächlich einmal zugestoßen ist. Ohne ein wirkliches Geschehnis keine Deutung. Was gäbe es zu deuten? Es muss sich ungefähr so abgespielt haben, wie es Dante erzählt und Boccaccio, der mit der eigenen dichterischen Intuition das Herz eines Dichters erkennt, bestätigt. Bloße Erfindung verriete sich durch Künstlichkeit. Jeder Leser der *Vita nuova*, der sich an seine eigene allererste Liebe noch erinnern kann, wird Dante gerade da, wo er wie ein Scholastiker des eigenen Erlebens die Verse seiner Dichtung umständlich erläutert und kommentiert, wo er also genau das tut, was man einem modernen Dichter sehr verübeln würde, dafür bewundern, wie genau er die Gefühlsphasen des präpuberalen, noch sexfreien Sichverliebens schildert und daraus eine Grundformel für die menschliche Liebesfähigkeit gewinnt: Eine Liebe, die sinnliches Begehren, den Wunsch, sich der Geliebten körperlich zu bemächtigen, sie zu »besitzen«, überwunden hat, wird unverlierbar. Wäre aber die lächelnde, grüßende und die den Gruß verweigernde Beatrice nichts als eine Allegorie und die vergeistigte Liebe Dantes nichts als theologisch-metaphorische Parabel, stünde hinter dieser vergeistigten Liebesgeschichte keine wirkliche des Herzens – Dantes Dichtung wäre nie zu der überragenden Bedeutung gelangt, die sie weit über die seiner zumeist vergessenen Zeitgenossen erhebt.

Ein Mann der Pflicht

Dante Alighieri ist ein glühender Liebhaber in seiner Dichtung. In seinem Leben bleibt er immer ein Mann der Pflicht. Lebende, die das Lächeln der Geliebten verloren haben, treibt es oft hinaus in die Welt. Dante zieht 1289 für seine Vaterstadt Florenz in den Krieg. Seine ersten Mannesjahre fielen in das schreckliche, gesetzlose »Interregnum« nach dem Tod des Kaisers Friedrich II. und dem Ende der Stauferherrschaft. Die Städte Oberitaliens, meist Republiken, waren trotz der ständigen Spannungen mit deutschen Kaisern durch Handel und Gewerbe reich geworden. Das sicherte sie gegen karge Zeiten, weckte aber auch den wechselseitigen Neid und lenkte die Augen von Beutemachern auf sie. Venedig hatte als Seehandelsmacht die byzantinische Vorherrschaft im östlichen Mittelmeer gebrochen; mit der Reise des Marco Polo dehnte es seine Handelsbeziehungen weit in den fernen Osten aus. Genuas Flotte beherrschte das westliche Mittelmeer und stellte 1277 zum ersten Mal seit dem Ende der

Antike die Verbindung mit Nordeuropa über den Atlantik wieder her. Die kleineren Seerepubliken Pisa und Amalfi verloren an Einfluss. Im Kampf gegen die letzten Staufer Manfred und Konradin hatten, zusammen mit dem Papst, die Banken von Florenz den Bruder König Ludwigs XI. von Frankreich, Karl von Anjou, dabei unterstützt, die ehemals staufischen Besitzungen in Unteritalien und auf Sizilien zu übernehmen, in seinen Bemühungen um die Kaiserkrone des »Heiligen Römischen Reiches« allerdings nicht. In dem Herrschaftskonflikt zwischen Kaiser und Papst, der mit dem Untergang der Staufer wieder aufgeflammt war, hatten sich zwei Adelsparteien herausgebildet, die heftig einander bekämpften und die Städte entzweiten. Die »Ghibellinen«, die den Namen von der Stauferburg Waiblingen ableiteten, vertraten die zentralistische Macht des Kaisers und waren aristokratisch gesinnt. Die »Guelfen«, so genannt nach dem Gegenkaiser Otto IV. aus dem Geschlecht der Welfen, dachten föderalistisch, betrieben eine Politik, die mehr den partikularistischen Interessen diente, und gaben sich volksnah. Beide Seiten hatten es schwer, sich durchzusetzen. Die päpstlich gesinnten »Guelfen« warfen den »Ghibellinen« die »staufische Freigeisterei« vor. Sie waren aber selbst angreifbar, denn sie erlaubten dem Papst, mit kirchlichen Interessen in die städtische Verwaltung einzugreifen. Florenz, die Stadtrepublik, die auf der Seite der »Guelfen« stand, nutzte die Schwäche des Kaisertums und die seiner Anhänger aus, um ungestört ihre Fehden mit den Nachbarn auszutragen. In Pisa und in Arezzo revoltierten 1287/88 die »Ghibellinen« und fielen von Florenz ab. Der junge Dante ritt, Beatrice im Herzen, mit den Siegern in das niedergeworfene Arezzo ein, und er war vermutlich auch dabei, als Pisa wieder eingenommen wurde.

Dantes Elternhaus und seine Vorfahren, weder arm noch reich, schrieben ihm eine politische Laufbahn gewis-

sermaßen vor. Angehörige des niederen Adels, als Grund-
herren zugleich Stadtbürger, waren sie der annähernd de-
mokratischen Verfassung von 1250, die seit der einer Revol-
te des »Popolo« galt, verpflichtet. Ihre Herkunft leiteten sie
über einen Ahnen namens Cacciaguida stolz von den Rö-
mern ab, also auch von deren mythischem Ahnherrn Aeneas und den Trojanern. Der junge Dante schrieb sich in die
Zunft der Ärzte und Apotheker ein und war wohl beruflich
als Mediziner tätig. 1295 gehörte er zu einer Kommission,
die das Wahlgesetz reformierte, 1297 zum »Consiglio del
Podestà«, einem Kreis von Beratern des Bürgermeisters, und
1300 zu den sechs Prioren, die eine »Signoria« bildeten, eine
Art Senat nach römischem Vorbild.

Inzwischen war er auch Ehemann und, wohl seit 1293,
Familienvater. Schon im Alter von zwölf Jahren hatte ihn
sein Vater mit Gemma Donati verheiratet. Seine Liebe zu
Beatrice ist also die eines verheirateten Mannes zu einer verheirateten Frau, für die Poesie der Troubadoure kein Hindernis, sondern beinahe eine Bedingung: Die eheliche Bin-
dung besiegelt gleichsam die irdische Unerreichbarkeit. Im
Alltag mag den jungen Menschen das Gebot, zu verzichten,
noch gepeinigt haben. Dem Erwachsenen scheint es dann
ganz selbstverständlich, dass eine »Herzensliebe« und das
eheliche Geschlechtsleben, das, wie es der bürgerliche Sta-
tus fordert, die familiäre Fortpflanzung sichert, nichts miteinander zu tun haben. Drei Söhne sind aus Dantes Ehe mit
Gemma hervorgegangen: Giovanni, Pietro und Jacopo. Ob
Antonia seine einzige Tochter war und sich erst bei ihrem
Eintritt in ein Kloster Beatrice nannte, oder ob er einer anderen Tochter bei der Taufe diesen Namen geben ließ, lässt
sich nicht mehr ermitteln.

Über eine Ehefrau bemerkt Boccaccio in seinem *Leben
Dantes*: »Ein jeder, der sie nimmt, muss sie behalten, nicht
wie er sie haben möchte, sondern wie das Glück sie gibt.«

Ein Versuch, von einer unerfüllten Liebe zu genesen, war Dantes Ehe sicher nicht. Ob sie allerdings dem Bild einer Ehefrau entsprach, der Boccaccio als Kenner von Liebeshändeln einen langen Exkurs widmet, ist auch nicht sicher. Boccaccio unterstellt aber, Dante habe in seiner Verbannung 1302 den willkommenen Grund gefunden, sich von Gemma Donati zu trennen. Dass er meint, die Philosophie sei ein besseres Eheweib als alle anderen, klingt verdächtig nach Rhetorik. Der verbannte Dante hat seine Gemahlin wie Ovid, der andere verbannte Liebesdichter, bis zu seinem Tod nicht wiedergesehen.

Verfolgt

»Die Sorge für die Familie«, berichtet Boccaccio weiter, »zog Dante in die Sorge für den Staat hinein, wo ihn die eitlen Ehren, die mit den öffentlichen Ämtern verbunden sind, dermaßen umstrickten, dass er, ohne zu sehen, woher er aufgebrochen war und wohin er ging, die Zügel schießen ließ und sich beinahe ganz der Verwaltung jener hingab.« Im Dichten und Denken Dantes vollendet sich das abendländisch-christliche Mittelalter. Doch in den politischen Praktiken mächtiger Zeitgenossen kündigt sich die Renaissance an, die an nichts mehr glaubt als an die allein vom Erfolg geheiligte Tat, wie es Machiavelli dann in seinem Werk *Der Fürst* darlegen wird. Das Zeitalter der Condottieri hat begonnen, in dem gemietete Heerführer mit gekauften Söldnern ganze Gemeinwesen durch Eroberung oder Staatsstreich in die Hände einzelner Machthaber liefern. Eine Kollision zwischen den edlen Grundsätzen Dantes und den Flügelkämpfen um die Herrschaft über Florenz kann nicht ausbleiben. Sein Temperament ist denkbar ungeeignet, sie zu vermeiden. Er sei bei allem Dichterruhm, so urteilt später Petrarca, »in Betragen und Redeweise durch seinen freimü-

tigen Trotz ein wenig freier« gewesen, »als es den zarten
und gespreizten Ohren und Augen der Fürsten unseres Zeitalters genehm sein mochte.« Seine edlen Begriffe von Vaterlandsliebe setzen ihn zwischen alle Stühle.

Die gemäßigteren »weißen« Guelfen haben ihm zeitweilig eine politische Heimat geboten. Sie stehen für die Verfassung und die Unabhängigkeit des Stadtstaates. Doch im
Parteienstreit geraten gerade die Vernünftigen, die Vermit-
telnden leicht in den Verdacht, mit dem Gegner zu sym-
pathisieren. Sie wahren Distanz zu Papst Bonifatius VIII.,
der die Toskana dem Kirchenstaat angliedern möchte. Die
»Schwarzen« Guelfen bezichtigen sie dafür, insgeheim mit
den kaiserfreundlichen Ghibellinen zu paktieren, obgleich
sie selbst sich der französischen Italienpolitik verpflichtet haben, die nur eine andere Einmischung von außen bedeutet.
Man verdächtigt, verurteilt, terrorisiert und bannt einander, bis das schwankende Kriegsglück und die unbeständige
»Volksgunst« entscheiden. Während die Gesandtschaft der
»Weißen« in Rom verhandelt, besetzt Karl von Valois, ein
Condottiere des Papstes gewissermaßen, auf seinem Heeres-
zug nach Sizilien im Herbst 1301 Florenz, und die im Vor-
jahr vertriebenen »Schwarzen« nutzen die Gunst der Stunde und putschen. Dante und vier weitere Angeklagte, die
wahrscheinlich noch als Verhandelnde auf Reisen sind, hü-
ten sich, zum Prozess zu erscheinen. Alte, unversöhnliche
Feinde sind zur Macht gelangt, die Parteigänger der Begü-
tertsten. Nun sind sie Verbannte. Für den Fall, dass sie wieder nach Florenz kommen, droht ihnen der Feuertod auf
dem Scheiterhaufen.

Dante hat versucht, sich »parteilos« zu verhalten. Er be-
greift nun, dass die Päpste die weltliche Macht, die sie sich
anmaßen, nicht zum Wohl Italiens gebrauchen. Wo sie sich
einmischen, verschlimmert sich das blutige Chaos aus Selbst-
justiz und Adelsfehden. Im 27. Gesang des »Paradiso« gibt

seine *Göttliche Komödie* dem Apostel Petrus, der als erster Bischof von Rom die Liste der Stellvertreter Gottes auf Erden anführt, Gelegenheit, mit dem verkommenen Papsttum ins Gericht zu gehen. Die Bußrede über das zerrissene Italien im »Purgatorio« führt beredt Klage darüber. Dante neigt nun einem universalen Kaisertum zu, dem der Papst sich nicht unterzuordnen braucht, sondern als der geistliche Partner zu Seite stehen sollte. Damit scheint er seiner Zeit weit vorzugreifen. Aber es war das ursprüngliche Modell, nach dem Papst Leo III. zu Weihnachten 800 Karl dem Großen die römische Kaiserkrone aufs Haupt gesetzt hatte, um sich und dem waffenlosen Klerus einen starken Beschützer zu verschaffen. Doch aus dem partnerschaftlichen Verhältnis der weltlichen und der geistlichen Macht war eine Rivalität geworden. Salische und staufische Kaiser hatten Päpste gedemütigt, und Heinrich IV. hatte zu Canossa vor Papst Gregor VII. Buße tun müssen. Dante ist, indem er den Päpsten ein Recht auf die weltliche Macht, die nur den Kaisern zusteht, abspricht, aus einem gemäßigten Guelfen zu einem gemäßigten Ghibellinen geworden. Er sieht nun deutlicher, was die Welt an jenem untergegangenen Imperium Romanum der Cäsaren gehabt hatte, und er versteht, dass es weder unter den Karolingern und den Ottonen noch unter den Saliern und den Staufern wiedererstanden war. Der »Universalismus« einer gemeinsamen Weltherrschaft der beiden Partner Kaiser und Papst musste ein Traum bleiben. Er setzt Hoffnungen auf den neuem 1308 gewählten Kaiser: Heinrich VII. aus dem Hause Luxemburg, dessen Mutter übrigens Beatrix heißt. 1310 kommt Heinrich über die Alpen, um in Mailand die Krone eines Königs von Italien zu empfangen und nach Rom weiterzuziehen. Papst Clemens V. ist so geschwächt, dass er aus Rom flüchten und seine Zuflucht beim König von Frankreich suchen muss. Heinrich wird in Rom nach den erbittertsten Straßenkämpfen zwischen Ghibellinen und Guelfen von einem ihm wohlgesonnenen Kardinalsgremium zum Kaiser gekrönt. Das siebzigjährige Exil der Päpste in Avignon hat begonnen. Zu dieser Zeit legt Dante seine Staatstheorie in der Schrift *De monarchia* nieder. Die »weißen Guelfen«, unter ihnen Dante, verhandeln in Arezzo mit den Ghibellinen. Ob er auch an den Versuchen, Florenz mit Waffengewalt zurückzugewinnen, beteiligt war, ist nicht geklärt.

1313 stirbt Heinrich VII. unverhofft. An Florenz ist er auf seinem Weg nach Rom vorübergezogen, ohne es zu erobern. Dante kann dort keine Gnade erwarten, es sei denn unter unannehmbaren Bedingungen: Er müsste Reue zeigen und öffentlich seine »Schuld« bekennen, sich einer Bußzeremonie unterziehen und ein Lösegeld zahlen. Ein so stolzer Mann wie er kann sich darauf nicht einlassen. Dante lehnt alles ab, und das Todesurteil gegen ihn wird 1315 erneuert. Nun erstreckt es sich auch auf seine erwachsenen Söhne. Er reist in Norditalien von Stadt zu Stadt und ist Gast kleiner Potentaten wie des Can Grande della Scala in Verona und des Guido da Polenta in Ravenna. Von den »Weißen Guelfen« hat er sich abgewendet. Immer mehr gilt sein Ruf als Dichter. Er fühlt sich nur selten als Flüchtling. Politisch betätigt er sich manchmal noch als Diplomat. Noch kurz vor seinem Tod verhandelt er in Venedig für Ravenna. Das reife Alter, das seinen Gang, wie Boccaccio berichtet, ein wenig beugt, seine stets gepflegte Kleidung, die ruhige und ernste Art im Gespräch, sein reger Scharfsinn und seine maßvolle, ausgleichende Natur empfehlen ihn dazu wie seine Bildung und seine Redebegabung: »Selten redete er, es sei denn befragt, und dann bedächtig und in einem Tone, der zum Gegenstande passte, davon er sprach; desungeachtet war er, wo es galt, höchst beredt, von gewandter Zunge und bestem, nie stockendem Vortrag.« Dieser durch und durch gewissenhafte und in sich gesammelte Mann kann sich stundenlang in seine Lektüre vertiefen, ohne sich von Musik, Geschrei oder tanzenden Frauen ablenken zu lassen.

Beatrice und die Himmelsrose

Um das große Werk, an dem der Dichter arbeitet, spinnen sich schon zu seinen Lebzeiten Legenden. Man glaubt es ihm, wenn er behauptet, dass er ins Inferno gereist ist. Vielleicht lassen ihn ein heftiges inneres Erleben und einprägsame Träume selbst daran glauben, wie Kolumbus vor den Küsten der »Neuen Welt« glauben wird, die Mündung des gewaltigen Stromes Orinoko könne nur die eines der vier Ströme des Paradieses sein. Die Frauen von Verona, die ihn vor dem Stadttor erblicken, halten den sonderbaren Fremden mit seinem wie versengt sich kräuselnden Bart für einen Mann, »der zur Hölle geht und wiederkehrt, wann es ihm beliebt, und Kunde von jenen heraufbringt, die sich unten befinden.«

Es ist die Hölle des Liebenden, die Hölle dessen, der erst die Achtung der Geliebten verloren hat und dann ihren irdischen Anblick. Aber er lässt dieser Hölle die Läuterung und das Paradies der Liebe folgen. Am Ende der *Vita nuova* schon verkündete Dante, er habe sich entschlossen, die drei Jenseitsreiche dichterisch zu gestalten, wie sie auch in die Kuppel des Baptisteriums gemalt wurden, in dem er die Taufe empfing. Die Nachricht von Beatrices Tod erinnert ihn an Florenz, das er nicht wiedersah, und im Anklang an ein Klagelied Jeremias erscheint ihm seine Heimatstadt »wie eine Witwe und jeglicher Würde beraubt.« Es ist auch die Hölle seiner Erfahrungen mit Menschen, vor denen er sich sicher geglaubt hat, solange die Aura seiner Liebe ihn schützte, die Hölle seiner Vaterlandsliebe. Das »Inferno« der *Commedia* – »Divina« wird erst sein Biograph Boccaccio sie nennen – zieht eine Bilanz seines menschlichen, aber auch seines politischen Scheiterns. Er vollendet sie in einer verbalen

Abrechnung mit seinen mächtigen Gegnern, von den Florentinischen Magnaten bis hinauf zum Heiligen Vater. Aber im »Purgatorio« und im »Paradiso« bürgt ihm die unverrückbare göttliche Ordnung der Welt dafür, dass ihm endlich Genugtuung widerfahren wird.

Das poetische Unterfangen, dem Dante sich da zugewandt hat, überbietet schon in seinem Entwurf alles, was andere Dichter seiner Zeit unter den Händen haben. Er bleibt wie im *Convivio*, einer 1304 erschienenen Sammlung von Canzonen und Sonetten, und auch wie in den hundert Liebesgedichten »Le Rime« dabei, »nur in der Volkssprache« zu schreiben, die sich erst auf dem Weg zur italienischen Schriftsprache befindet, und dazu »erfindet« er eine neuartige Versform, die Terzinen. Das Latein, die traditionelle Sprache der Intellektuellen, zu der Petrarca, der Frühhumanist, zurückkehrt, behält er für seine Schrift über die Monarchie und seine die Volkssprache rechtfertigende Abhandlung bei. Für seine Terzinen benutzt er aber das »volgare«, die als »gemein« geltende Sprache der toskanischen Kaufleute, denn es ist auch – daher rührt der Titel des Werkes – die Sprache der Komödie. In seiner Dichtung kommt sie zu Ehren. Wie in der Provence oder am Hof Friedrichs II. in Palermo und im mittelhochdeutschen Minnesang hat sie ihr wichtigstes Thema gefunden: die Liebe. Dante bekennt sich in der *Vita nuova* selbst dazu: »Der erste, der in der Volkssprache zu dichten sich anschickte, tat es, um seine Worte seiner Herrin verständlich zu machen, der es schwerfiel, lateinische Verse zu verstehen.« Was Homer für das Griechische bedeutete und Vergil für das Lateinische, was Luther für das Deutsche tun wird, der Schriftsprache einer ganzen Nation das Siegel eines regionalen Dialekts aufzuprägen, das schafft Dante mit seinen Dichtungen.

Dante beschließt nicht, wie ein halbes Jahrtausend später der Dichter Novalis, seiner Geliebten nachzusterben. Seine

Liebe hat sich völlig vergeistigt. Der Vertriebene, der von Hof zu Hof wandert, bricht poetisch zu einer sublimeren Reise auf. Er reist wie Orpheus, der mythische Sänger, seiner verstorbenen Geliebten ins Jenseits nach und findet es sehr verlockend, die Vorstellungen seiner Zeit von der Hölle, dem Läuterungsberg und dem Paradies in Versen zu verbildlichen. Es ist ein Weg, der, mit dem Tod Beatrices eröffnet, ihrer Verklärung und der Vollendung des Weltganzen gleichermaßen entgegen führt. Der Dichter wird darüber zum Philosophen. Da im Zeitalter der Scholastik die Philosophie die Magd der Theologie ist, macht seine Wanderung ihn zum Theologen. Der antike »poeta doctus« spezifiziert sich zum »poeta theologus«.

Einige Widersprüche zwischen der Dichtkunst und ihrem religiösen Gegenstand erschweren das Vorhaben. Nicht alle Zeitgenossen sind so naiv gläubig wie die Frauen von Verona. Die jenseitigen Gefilde, die dieser Dichter mit eigenen Augen gesehen haben will, ohne mehr Glauben zu erwarten, als ihn eine Dichtung verdient, sind zu seiner Zeit unantastbare dogmatische Glaubensinhalte. Die Heilige Inquisition, die der freigeistige Stauferkaiser Friedrich II. eingesetzt hat, um sich mit dem Papst auszusöhnen und ihm in der Überwachung des machterhaltenden Glaubens zu helfen, kann aus dieser Dichtung ein gleisnerisches Blendwerk mit Ansätzen zur Ketzerei herauslesen. In den Sekten und Ketzerbewegungen des 12. und des 13. Jahrhunderts, die aus ihren sozialen Spannungen hervorflackern, rumort eine andere Frührenaissance. Sie wird später auf die Reformation hinauslaufen. Die Anerkennung des Franziskanerordens durch die Papstkirche kommt einer entschärfenden Vereinnahmung nahe. Dieser franziskanische Kompromiss ist in der dichterischen Welt Dantes überall erkennbar. 1290, im Sterbejahr Beatrices, hat Dante ein paar Monate bei den Franziskanern von Santa Croce gelebt, ohne das Gelübde abzulegen und in den Orden einzutreten.

Für die Herkunft des Poetischen aus dem Religiösen wird Dante zum Zeugen: Sein Werk verflicht eine reife Dichtung mit der zeitgenössischen Theologie. Einem erhabenen Gedankengebäude des von Dogmen überformten christlichen Glaubens gibt er, während sein Zeitalter sich schon davon zu verabschieden beginnt, die vollendete poetische Gestalt. Es ist die »Gottesgelahrtheit« eines Albertus Magnus und eines Thomas von Aquino. »La somma Sapienza«, die »höchste Weisheit« nimmt die Gestalt einer »edlen Frau« an, wie sie als »Philosophia« schon dem spätrömischen Denker Boethius in seiner Gefängniszelle erschienen ist, und alles weist auf Beatrice hin, auf die durch ihren frühen Tod verklärte Herrin. Einer Liebe, die keine irdische, keine zeitliche Erfüllung gefunden hat, öffnen die Verse einen Blick ins Jenseits, in die Ewigkeit. Nur dort kann eine vergeistigte Liebe, die wohl leidenschaftlich gewesen ist, aber nie zu der sinnlichen Leidenschaft werden konnte, sie erwidern. Ob es eine wirkliche Beatrice gab? Auch die übersteigerte Deutung ist noch kein Grund, an eine Wirklichkeit des gedeuteten Erlebnisses zu zweifeln. Sieht man von der Madonna und der Marienverehrung ab, ist keine sterbliche Frau in der Weltgeschichte so verherrlicht worden wie Beatrice in der Dichtung des Dante Alighieri. Der Liebhaber ist zum Glaubenshelden geworden, zum poetischen Apostel.

Dantes Leben ist zwar zerstört, in seiner Dichtung aber strebt nun alles, auch seine Liebe, einer geistigen Vollendung zu: Ein hochkompliziertes, in seinen zeitgeschichtlichen Bezügen wie in seinen theoretischen Grundlagen heute ohne genauen Kommentar kaum noch verständliches Gebilde schildert die imaginierte Reise des Dichters durch einen noch geozentrischen Kosmos aus Raum und Zeit in die jenseits von Raum und Zeit waltende Ewigkeit, wie es dem »thomistischen« Weltbild des Thomas von Aquino entspricht, vor das Angesicht Gottes. Der römische Dichter Vergil, zeitweilig gesellt sich auch der nicht so bekannte Statius hinzu, führt den Reisenden ins Innere der Erde, in das Inferno, die Hölle, den Schauplatz der Strafen. Der Weltenwanderer wechselt in Phasen des Schlafes und des Träumens, eines vorübergehenden Bewusstseinsverlustes, noch immer räumlich-zeitlich, hinüber zum Purgatorio, dem Läuterungsberg, vorüber an den nymphenhaft tanzenden Verkörperungen aller Tugenden, und gelangt ins »irdische Paradies«, bis ihn der Dichter Vergil, der Gewährsmann für die Reise eines anderen Sterblichen, des Aeneas, durch die Unterwelt ins antike Elysium führt, ihn mit Lorbeer krönt und verschwindet.

Nun erscheint Beatrice auf einem von Greifen gezogenen Wagen in einer Wolke aus Blumen. Hat Novalis, als er, in seinem Romanfragment *Heinrich von Ofterdingen*, einen Minnesänger ein Mädchengesicht im Kelch einer blauen Blume erblicken ließ, an Dante gedacht? Der Maler Ludwig Richter fühlte sich beim Anblick einer duftenden Rosenblüte an Dante erinnert, und wenn er in seinen *Lebenserinnerungen* seine Gefühle schildert, vermutet er, der Dichter »habe wohl auch in solche Rosenglut geschaut und kein besser irdisch Bild für seine Paradiesvision sich erdenken können, und in den Kelch setzt er die Reinste der Reinen!« Beatrice führt den Jenseitsreisenden, den Liebespilger, belehrend und erklärend und auch als Fürsprecherin der Tugend durch die das Erdenreich umgebenden neun Sphären, die sieben »Planetenhimmel«, in denen Mond und Merkur, Venus, Sonne, Mars, Jupiter und Saturn kreisen, in den astralen »Fixsternhimmel«, in dem Engelsscharen mit ihrem Flügelreigen die Zeitlichkeit von der Zeitlosigkeit scheiden, hinauf in das Licht des himmlischen Paradieses, wo Christus, Maria und die Heiligen mit den seligen Seelen vereint sind. Nun ist Beatrices Rolle als die »Beseligende« vollendet. In ihren Augen, die dem Liebenden auf Erden schon einen verstohlenen Blick in das Paradies werfen ließen, spiegeln sich Gott und die neun Chöre der weißgewandeten Engel, die ihn umringen. Das alles entfaltet sich zur strahlend weißen Blüte des Universums, zur »Himmelsrose« und zu einer Gottesschau. Beatrice begibt sich unter die Seligen. Der Zisterziensermönch Bernard von Clairvaux (1091-1153), ein Vorläufer des Franz von Assisi, Ratgeber von Päpsten und weltlichen Herrschern, Kirchenreformer und Marienmystiker, Kronzeuge der religiösen Erotik im Mittelalter, erwirkt nun dem an sein Ziel gelangten Dichter betend den Blick ins Antlitz Gottes: »ein Rad, das ebenmäßig kreist«, die Liebe, die Alles bewegt.

Die Poesie beschwört hier eine scholastisch inspirierte magische Traumwelt. Der Traum, den Dantes Mutter während ihrer Schwangerschaft erlebt haben soll, scheint solch ein Schlussbild vorwegzunehmen: Der Lorbeerbaum, den sie da erblickt, ein mythisches Sublimat der keuschen Daphne, die sich vor der begehrlichen Liebe Apollos rettet, indem sie sich in ihn verwandelt, spendet auch das Laub, mit dem man Dichter krönte, um ihr Werk, wie das Petrarcas nur wenig später, als ein der gerechten Herrschaft über Menschen ebenbürtiges Verdienst zu würdigen. Er wird zum Hirten: Vergil begann als Dichter mit Hirtenidyllen, und Dante gehörte als Beamter eine Zeit lang zu den »Hirten« seiner Stadt. Das Rad eines Pfauen, mit dem der mütterliche Traum erlosch – ist es die »Himmelsrose«? Als Dante starb, war ungewiss, ob er seine kolossale Dichtung abgeschlossen hatte. Bei seiner Verbannung war ein Teil davon in Florenz zurückgeblieben. Boccaccio berichtet von einem Traumgesicht, das Dantes Sohn zur Auffindung der fehlenden Gesänge führte.

Als Dante begraben war, zog über Europa jahrzehntelang die große Pest. Sie diente seinem Biographen Giovanni Boccaccio als erzählerischer Rahmen für das *Dekameron*, eine

Sammlung sehr irdischer Liebesgeschichten. Francesco Petrarca, der ihn wohl noch lebend sah, nahm ihn für sein Schaffen zum Vorbild und verliebte sich in eine Laura auf ähnlich ätherische Weise wie Dante in seine Beatrice. Doch ein tiefer Einschnitt trennte mit seinem ungeheuren Bevölkerungsverlust und einem Niedergang der Wissenschaften und der Künste wie auch der Staatskunst das späte Mittelalter von der Renaissance und dem Humanismus. Die Namen der Troubadoure verblassten bis zur Anonymität, Guinizelli, Cavalcanti, Cino de Pistoia sind vergessen. Dante kannte man noch, auch wenn man ihn nicht mehr las. »Er war ein Held der Liebe trotz seiner Schüchternheit«, sagt der spanische Philosoph Ortega y Gasset. Keine Stadt Italiens verzichtet heute auf eine »via Dante«, und »Dante« heißt auch ein italienisches Olivenöl. Dantes sanfte Terzinen fanden nicht nur in Petrarca, sondern auch in Hugo von Hofmannsthal und in Rainer Maria Rilke Nachahmer. Allen Übersetzern, unter ihnen ein Philalethes, hinter dem sich König Johann von Sachsen verbarg, machen sie es schwer, sie in ein verständliches, als Dichtung genießbares Deutsch herüberzuholen. Nur wenige Menschen verstehen noch den Liebhaber der Beatrice.

Boccaccio, G.: *Das Leben Dantes*. Frankfurt a. M. 1987

Croce, B.: *Dante*. Zürich 1921

Falke, K.: *Dante*. München 1922

Falkenhausen, F. v.: *Dante*. Berlin 1951

Federn, K.: *Das Zeitalter Dantes*. Berlin 1925

Gallarati Scotti, T.: *Dante*. Berlin 1939

Gilson, E.: *Dante et Béatrice, études Dantesques*. Paris 1974

Grundmann, H.: *Dante und die Mächtigen seiner Zeit*. München 1960

Haller, J.: *Dante*. Basel 1954

Hatzfeld, H.: *Dante*. München 1921

Hefele, H.: *Dante*. Stuttgart 1921

Heintze, H.: *Dante Alighieri, Bürger und Dichter*. Berlin und Weimar 1965

Jakubczyk, K.: *Dante*. Freiburg i. B. 1921

Kahn, O.: *Dante*. München 1921

Leigh, G.: *The Passing of Beatrice. A Study in the Heterodoxy of Dante*. London 1933

Leonhard, K.: *Dante Alighieri mit Selbstzeugnissen und Bilddokumenten*. Reinbek bei Hamburg 1991

Rheinfelder, H.: *Dante-Studien*. Köln/Wien 1975

Schneider, F.: *Dante*. Weimar 1960

Stange, C.: *Beatrice in Dantes Jugenddichtung.* Göttingen, Berlin, Frankfurt a. M. 1959

Veltmann, F.: *Dantes Weltmission.* Stuttgart 1979

Wetzel, Ch.: *Dante Alighieri.* Salzburg 1979

Beatrice in Afrika

Von Franziska Meier

Ziemlich lebenslustig wirkt die junge Frau, mit der sich Umberto Eco in der Reihe *Interviste impossibili* unterhält. Der italienische Radiokanal Rai strahlte sie in den 1970er Jahren aus, sie ist noch heute online zugänglich. Keinen Deut dankbar wollte die Frauenstimme ihrem jugendlichen Anbeter Dante dafür sein, dass er ihr zu Weltruhm verhalf. Allenfalls hatte sie sarkastischen Spott für ihn übrig, falls sie nicht ihrem Ärger ganz freien Lauf ließ. Denn noch immer empörte es sie, wie sie dieser schmalbrüstige Jüngling in ein derart enges moralisches, gar theologisches Korsett habe spannen können. Woher nahm er die Chupze, sie am Leben und Genießen hindern zu wollen?

Parallel zum merklichen Voranschreiten der Emanzipation der Frau in den westlichen Gesellschaften bekommt Dantes ins Paradies hocherhobene Beatrice bei Umberto Eco endlich den Raum, um unverblümt über sich sprechen und damit sich all der belastenden edlen Sublimierungen entledigen zu können. Die Frau, die da im italienischen Radio plauderte, war keine Allegorie der Theologie mehr. Sie hatte auch nichts mit dem Typ des elegisch-hehren Mädchens im Ophelia-Style gemein, mit der die präraphaelitischen Maler Beatrice zusammenbrachten. Da sprach eine Frau, die mit allen Sinnen leben wollte.

In unserem kollektiven Gedächtnis hat Ecos Beatrice keine Wurzeln schlagen können. 1994 wird etwa Harold Bloom in seinem Buch zum westlichen Literaturkanon die besondere Einschlagkraft der Dichtung Dantes damit erklären, aus einem simplen Florentiner Mädchen, das ihren Anbeter nur eines einzigen Blickes würdigte, eine derart überzeugende Selige gemacht zu haben, dass es noch Zeitgenossen des 20. Jahrhunderts nicht wagten, über sie eine flapsige Bemerkung zu machen. Wer sich dazu dennoch einmal hinreißen ließ, habe gleich ein schlechtes Gewissen, eine Blasphemie begangen zu haben. Es hat also ganz den Anschein, als wäre Beatrice in den Breitengraden unserer westlichen Zivilisation eine Selige und Kunstfigur geblieben, die sich anders als Francesca da Rimini den Fängen ihres Schöpfers nicht zu entwinden vermochte.

Anders sieht es für sie in Afrika aus, zumindest auf den ersten Blick. Dort feiert Beatrice punktuell fröhliche Urstände. Das ist umso erstaunlicher, als sich anglo- wie frankophone Autoren des Kontinents erst spät für Dante zu interessieren begannen. Einen ersten großen Auftritt erlebt Dantes Beatrice 1987 in dem Roman *Anthills of the Savannah* des nigerianischen Schriftstellers Chinua Achebe. Im Gegensatz zu den frühen Romanen, namentlich *Things Fall Apart*, die vom Zerfall einer afrikanischen Dorfgemeinschaft und ihren sozialen wie rechtlichen Praktiken zu Beginn der Kolonialisierung der Sub-Sahara erzählen, enthält dieser späte Roman eine Satire über das chaotisch-blutige Ende einer Diktatur in Afrika. Darin hält Achebe den postkolonialen Bestrebungen, die inzwischen in die Unabhängigkeiten entlassenen afrikanischen Länder zu regieren und zu Wohlstand zu bringen, einen entlarvenden Spiegel vor. Aus einem Rückblick ergibt sich, dass der Regierungschef, ein ehemaliger Soldat, mit den besten aller Absichten angetreten war; er hatte sich bereitwillig von seinen beiden intellektuellen, in Großbritannien ausgebildeten liberalen Freunden aus Kinderjahren beraten lassen. Nach der Regierungsübernahme indes, ohne dass sich der eigentliche Auslöser klar ausmachen ließe, hatte sich der ebenso pflichtbewusste wie offene Sam in einen Diktator verwandelt, der schließlich den engsten Freunden misstraut und nurmehr für die Warnungen der Sicherheitspolizei ein Ohr hat. Der Roman entfaltet die letzten Wochen der Diktatur, bis alle drei Freunde auf die ein oder andere Weise umgebracht werden. Der Journalist und Dichter Ikem fällt der Polizeigewalt zum Opfer, der Informationsminister Chris wird auf der Flucht, als er sich schützend vor ein Mädchen stellt, von einem Polizisten erschossen. Der Diktator selbst verschwindet spurlos.

In dieses von Männern dominierte politische Szenario hat Achebe eine Frauenfigur mit dem Namen Beatrice eingefügt. Sie hat außerdem einen zweiten – afrikanischen – Namen: Nwanyitbuife, was mit »a female also counts« übersetzt wird. In dem Roman gibt es keine expliziten Hinweise auf Dantes *Göttliche Komödie*. Dennoch hat es gute Gründe, wenn Leser die Figur mit Dantes Florentiner Geliebten in Beziehung setzten. Bei Achebe zeichnet sie sich vor allen anderen nicht mehr durch ihr edles Verhalten und eine Schönheit aus, die den Betrachter auf den rechten Weg führt. Seine Beatrice hat sich vielmehr einen Namen gemacht, weil sie die erste Frau in ihrem Land ist, die in London einen Degree in Englisch mit Auszeichnung absolviert hat. Jeweils wird also implizit ein Zusammenhang zwischen der Frau und der Sprache hergestellt, die der Dichter Dante bzw. der Romancier Achebe selbst gewählt hat.

Die zentrale Parallele zu Dantes Beatrice ergibt sich indes aus etwas anderem. Ebenso wie bei Dantes Geliebten kommt Achebes Beatrice die Rolle einer Führerin zu. Während es im Fall der Florentinerin der Dichter selbst war, der die Zeichen erst einmal erkennen und einordnen lernen musste, bis er sie zu seiner Führerin durch das Paradies machen konnte, lässt Achebe seine Protagonistin mitten in den Wirren der endenden Diktatur einen Prozess der Selbsterkenntnis durchlaufen. Allerdings lässt er daran sowohl ihre drei männlichen Freunde als auch den männlichen Erzähler wesentlich Anteil nehmen. Denn je mehr die drei Freunde mit den Grenzen ihres politischen Wirkens, oder genauer: mit dem Scheitern ihrer Politik konfrontiert sind, umso mehr verlagert sich ihre Hoffnung auf die Freundin. Ihr Liebhaber Chris ahnt deren höhere Bestimmung zunächst vor allem in ihrer besonderen Form von Sexualität, der er sich zum Opfer zu bringen scheint. Als sie überraschend von dem Diktator zu einem Abendessen eingeladen wird, vermutet er sogleich (vielleicht hofft er es auch nur), dass der afrikanische Diktator von ihr erfahren will, wie er das Land aus der Krise, aus der Sackgasse wieder herausholen könnte. Für den Journalisten und Dichter Ikem wiederum wird Beatrice zur Muse; ihr verdankt er die Einsicht, welche zentrale Rolle der Frau auch im politischen Leben des Landes zukommen sollte. Aus der »Domina« der Troubadours, aus der sublimen theologischen Allegorie Dantes wird in der Romanwelt des Nigerianers Achebe eine Priesterin und Prophetin, die mit der Gabe höherer Einsichten, mit besonderer Macht ausgestattet ist.

Beatrice schließlich, die von ihren Eltern ganz im Sinne der britischen Kolonialherrschaft aufgezogen wurde, gelangt nur auf gewundenen Wegen zu einer neuen Selbsteinschätzung. Dieser Umschlag bahnt sich kurz vor der Mitte des Romans an, im sechsten bis zum achten Kapitel, die abgesehen von einer aufschlussreichen Ausnahme aus der Perspektive Beatrices erzählt werden. Auslöser für ihr Umdenken war eine Party gewesen, auf die sie der Diktator geladen hatte. In der Rückschau durchlebt sie den Abend als eine Demütigung, die sie in ihren Grundfesten erschüttert. Schmerzlich erinnert sie sich, in welche Wut und Rage sie das in ihren Augen schamlose Begehren des Diktators für eine amerikanische Journalistin versetzt hatte. Sie hatte sich daraufhin ins Zeug gelegt, um seine Aufmerksamkeit, ja sein Verlangen auf sich zu lenken. Beim gemeinsamen Tanz spürt sie den Erfolg ihrer Bemühungen. Die provozierte sexuelle Erregung endet jedoch abrupt, sobald das Paar auf einem Balkon allein ist. Denn da erhält der verdutzte Diktator von seiner Tänzerin eine Lektion in Sachen Desdemona-Komplex, von dem Achebes Beatrice den Regierungschef ihres Landes und damit die höchste Repräsentation ihres Volkes kurieren will. Wenig später wird Beatrice vor aller Augen herauskomplimentiert und nach Hause gefahren.

Zuhause braucht sie lange, um mit den Geschehnissen an diesem Abend ins Reine zu kommen. Szenen aus ihrer Kindheit tauchen in ihr auf, die sie jedoch vor allem mit ihrer frühen Einsamkeit, ja ihrem Ausgeschlossensein konfrontieren. Sie eröffnen ihr keinen Zugang zu einem spezifisch afrikanischen Erbe. Einen ersten Lichtblick in dieser Phase der Verstörung bringt für sie der Besuch des Journalisten und Dichters Ikem. Er war spontan vorbeigekommen, um ihr für den »gift of insight« zu danken, genauer für die Einsicht in die wichtige Rolle der Frau, die er jahrelang verkannt, wenn nicht verleugnet hatte. Was er ihr dann erläutert, ist nicht nur sein neues Bild von der Frau. Darüber hinaus fügt er seiner Erkenntnis eine kurze Digression bei, in der er den biblisch-christlichen und den afrikanischen Umgang mit der Frau parallel führt. In beiden Kulturen, so zeichnet er knapp nach, waren ähnliche Strategien am Werk, um die Frau als zweites Geschlecht zu marginalisieren. Der biblischen Versucherin Eva stellt er den afrikanischen Mythos von der Frau gegenüber, die den Himmel aufschneidet und Gott vertreibt. Dem späteren Kult um die Mutter Maria entspreche Afrikas höchste Mutterfigur *Nneka*. Beiden werde zwar höchste Anerkennung zuteil, aber letztlich sei das jeweils nur eine Finte, um das Handeln der Männer von Schuld freizuhalten. Die Frauen wurden aus dem politischen und gesellschaftlichen Geschehen herausgehalten. Erst wenn die Katastrophe nicht mehr aufzuhalten war, musste das »Ewig-Weibliche« wieder in Aktion treten. Die kurze Digression liefert natürlich zugleich einen Schlüssel, um Achebes Protagonistin mit Dantes Beatrice, die ein ferner Ableger des Marienkults ist, zu parallelisieren.

Interessanterweise ist es indes der Erzähler in *The Anthills of the Savannah* – also nicht Beatrice selbst und auch nicht ihre beiden Freunde Chris oder Ikem –, der allein den Zugang zur Tiefe des Mythos, zur afrikanischen Vergangenheit zu eröffnen vermag. In der Protagonistin tritt diese partiell zwar an die Oberfläche, doch fehlt es allen Figuren schlichtweg an Kenntnissen, um die Manifestationen des Mythos zu begreifen. Im Gegensatz zu Ikem, der letztlich in der Suche nach Parallelen zwischen westlicher und afrikanischer Welt gefangen bleibt, und zu Chris, der nur die körperlichen Anzeichen des Übernatürlichen spürt, ist der Erzähler in der Lage, den dahinterliegenden Igbo-Mythos von Idemili zu entfalten. Sie ist die Tochter des höchsten Gottes, die zu Urzeiten auf die Erde geschickt wurde, um der als männlich gedachten Macht und Gewalt einen Lendenschurz zu verpassen, sprich: diese abzumildern. Die weibliche Göttin steigt herab in Gestalt einer Säule aus Wasser, die die Fruchtbarkeit in die Savannah bringt. Idemili steht für jenes heilige Weibliche, das in und unter der Kolonialisierung gezähmt oder sogar verdrängt worden ist. Während Dante seiner Beatrice in der *Göttlichen Komödie* auch ausgesprochen männliche Züge verleiht, versucht der Erzähler in *The Anthills of the Savannah* das in der vorkolonialen afrikanischen Kultur präsente Weibliche wiederzubeleben. Idemili steht für Fruchtbarkeit und namentlich für eine spezifisch afrikanische Vorstellung von Gemeinschaft, in der Autorität eher erlitten als erstrebt werden soll. Nach einer Legende prüft die Göttin Idemili diejenigen genau, die nach Autorität streben; falls diese ihren Anforderungen nicht genügen, kommen sie nach Ablauf von drei Jahren zu Tode. Autorität hat nur der, der demütig die Autorität lebt, genauer überlebt.

Auch wenn sich die weibliche Gottheit in Beatrice andeutet, nimmt die Protagonistin in Achebes Roman darum keine archaischen Züge an. Der Mythos bleibt hintergründig. Ganz anders geht 2014 die in Mozambique lebende Künstlerin Berenice Bickl vor. Ihre Beatrice trägt ausgesprochen afrikanische Züge in zwei Videoprojektionen, die nach den beiden Führerfiguren der *Göttlichen Komödie* benannt sind: Beatrice und Vergil. Während Vergil bei Bickl durch die zerstörten Landschaften der Unabhängigkeits- und Bürgerkriege in Afrika wie vorher durch Dantes Kreise fürchterlicher Strafen als Beobachter und Zeuge wandert, tritt Beatrice in einem Gewand auf, wie es für die Frauen in Maputo üblich ist. Geheimnisvoll lächelt ihr Gesicht, das wie in Holz geschnitzt scheint; es ist leicht verschleiert. Gerade für westliche Betrachter kehrt hier Dantes ferne Geliebte tatsächlich in der ebenso realen wie mythischen Welt Afrikas wieder.

Achebes Erzähler in *The Anthills of the Savannah* lässt im achten Kapitel des Romans hingegen keinen Zweifel daran, dass seine Protagonistin die Traditionen und Legenden ihres Herkunftslandes nicht mehr kannte, ja nicht kennen konnte. Sie war, wie es einmal heißt, in einer Welt großgeworden, die alles kannte, nur nicht die eigene Kultur. Beatrice wird daher bis zum Schluss nicht erkennen, wer sie eigentlich ist. Allenfalls ahnte oder spürte sie, wie in ihr zwei, ganz verschiedene Figuren zusammen- oder auch nebeneinanderlebten. Auf diese zweite – afrikanische – Persönlichkeit spielen Ikem und Chris an, wenn sie Beatrice als eine Priesterin oder Prophetin bezeichnen. Sie selbst erlebt die zweite Persönlichkeit dagegen allenfalls als etwas, das über sie kommt und das sie kaum als Erbe begreifen kann.

Der Roman endet mit einer »Taufzeremonie«, die in Beatrices Haus vonstatten geht. Das neugeborene Mädchen, die Tochter Ikems, erhält von Beatrice einen Namen, da dessen männliche Vorfahren entweder tot sind oder ihr Kommen zu ungewiss ist. Beatrice, die für ihren seltsam zusammengewürfelten Freundeskreises, der die Unruhen überlebt hat, spricht, wählt nach dem Vorbild der Kinder Jesajas einen sprechenden, obendrein männlichen Namen: Amaechina – »May the path never close«. Als wider Erwarten Großmutter und Großonkel des Kindes dazustoßen, mündet die Zeremonie in eine Art Fürbittengebet, in dem alle in dem Land herrschenden Gegensätze, einschließlich der der Geschlechter offenbar, zu Harmonie und Einheit gebracht werden sollen. Mit der neuen Generation, deren Täufer oder auch Patin Beatrice ist, verbindet sich die Hoffnung, aus der immer nur erlittenen Geschichte – der »alienated history« – endlich herauszutreten und das eigene Land und Geschick so neu zu begründen, dass die gesamte Bevölkerung darin Anerkennung und Gehör findet.

Dass Beatrice auch zum Schluss nicht recht weiß, wer diese zweite Persönlichkeit in ihr ist, fällt letztlich nicht ins Gewicht: »But knowing or not knowing does not save us from being known and even recruited and put to work. For, as a newly-united proverb among her people has it, baptism (translated in their language as Water of God) is no antidote against possession by Agarū, the capricious god of diviners and artists.« (S. 96) Einerseits hängt es mit dem Wesen des Göttlichen zusammen, das sich einzelner Menschen punktuell oder dauerhaft bemächtigt und über sie wirkt. Andererseits tun wir wohl gut daran, in dem Satz den Schuss Ironie nicht zu übersehen. Denn in Beatrice meldet sich nicht nur der Geist des präkolonialen Afrikas auf einmal mächtig zu Wort, sondern eben auch der Gott der Wahrsager und Handwerker, namentlich der Künstler. Auch wenn Dantes Beatrice in Afrika in ungeahntem Ausmaß zu ihrem weiblichen Körper, ihrer Sexualität findet, scheint sie letztlich doch ein Geschöpf ihres männlichen Schöpfers oder auch eben des Gottes der Künstler zu sein. Der Weg nach Afrika hat Beatrice mit einem neuen, exotischen Reiz versehen, aber er hat sie nicht davon befreit, Projektionsfläche für die Phantasien männlicher Dichter zu sein.

LITERATURHINWEISE

Chinua Achebe: *Anthills of the Savannah*. New York: Doubleday 1987.

Martin Eisner: *Dante's New Life of the Book: A Philology of World Literature*. Oxford UP 2021.

Franziska Meier: *Besuch in der Hölle. Dantes ›Göttliche Komödie‹. Biographie eines Jahrtausendbuchs*. München: C. H. Beck 2021.

»Dante ist uns fern gerückt« oder Warum es sich (wieder) lohnt, die *Göttliche Komödie* zu lesen!

Von Leonhard Lietz

Der italienische Dichter Dante Alighieri (1265-1321) gehört unbestreitbar zu den Großen der Weltliteratur. Seine *La Divina Comedia*, den meisten in unserem Sprachraum bekannt als Die *Göttliche Komödie*,[1] gilt als Meisterwerk der italienischen Dichtkunst und prägte maßgeblich die Entwicklung der italienischen Sprache. Die darin geschilderte Jenseitsreise Dantes, der in Begleitung des antiken römischen Dichters Vergil das Inferno, das Purgatorio und schließlich mit seiner großen Liebe Beatrice das Paradiso durchwandert, ist zumindest vom Namen her den meisten Menschen ein Begriff.

Nach mehr 700 Jahren ist die *Göttliche Komödie* nach wie vor Bestandteil des klassischen Bildungskanons, erlebt immer wieder neue Auflagen und ist über die Jahrhunderte in vielfältiger Weise künstlerisch verarbeitet worden. Ganze Forschungszweige haben sich seit dem 19. Jahrhundert unter dem Begriff »Danteforschung« zusammengeschlossen und durchleuchten das Werk des großen Autors aus verschiedenen Blickwinkeln der Geistes- und Naturwissenschaft. Es verwundert ebenso wenig, dass das zu Beginn des letzten Jahrhunderts noch in den Kinderschuhen steckende Medium Film die *Göttliche Komödie* schnell für sich entdeckte. Bereits in den Jahren von 1909 bis 1911 hielt der Stoff als dreiteilige Stummfilmproduktion Einzug in die italienischen Kinos. Musik und Theater lassen sich von der Höllenreise Dantes inspirieren, und schier unüberschaubar ist die Anzahl an Belletristik und Fachliteratur zu diesem Thema. Dantes großes Werk hat also den Punkt erreicht, an dem es zu einem Bestandteil einer bildungsbürgerlichen Wissenslandschaft gehört und gleichzeitig ein breites Publikum unterhält. Für die einen ein geniales Beispiel der Dichtkunst, für die anderen ein noch frisches Unbekanntes, das medial und kommerziell erschlossen werden kann. »Der Elite ist die Komödie heilig, der Populärkultur ein Jungbrunnen«,[2] fasst die Romanistin und Danteforscherin Franziska Meier diese Entwicklung treffend zusammen.

Aber auch die populären Unterhaltungsmedien haben den Dichter wieder für sich entdeckt: So verarbeitete die auf dem Videospiel *Dantes Inferno* basierende Animeserie *Dantes Inferno: An Animated Epic* (2010) die Höllenfahrt des gebrechlichen Dichters als actionreiche Abenteuerreise eines muskelbepackten Kreuzritters. Solch ein digitales Gemetzel mag aus der Perspektive des klassisch gebildeten Dantelesers dem Dichter zu zweifelhafter Bekanntheit bei der jüngeren Generation verholfen haben.

Aber ist Dantes Einfluss in unserem heutigen Alltag überhaupt noch spürbar? Die Gegenwart kennt keinen Mangel an infernalischen medialen Eindrücken, und die berühmte Inschrift über dem Höllentor: »Die ihr hereinkommt: Lasst alle Hoffnung fahren« (Inferno, 3), könnte wahrscheinlich auch den Eingang manch einer deutschen Behörde zieren. So bekannt die Höllentorinschrift auch sein mag, sie bleibt doch die im Alltag einzig wirklich verbreitete Anspielung auf den Autor. Schulen und Universitäten schenken Dante im Lehrbetrieb wenig Aufmerksamkeit, und weder an deutschen Theaterhäusern noch in der Filmbranche gibt es aktuelle Bestrebungen, Dantes Werk auf die Bühnen bzw. auf die Leinwand zu bringen. Auch im Bereich der Unterhaltungsliteratur ist es zurzeit schlecht um Dante bestellt, wenn auch der Erfolgsautor Dan Brown mit seinem Thriller *In-*

ferno (2013) kurzfristig Dante in den Fokus der breiten Le-
serschaft rückte. Behält der Danteforscher Kurt Flasch also
recht, wenn er im Nachwort seiner Übersetzung der *Göttlichen Komödie* feststellt: »Dante ist uns fern gerückt.«[3] Ber-
tolt Brecht behauptete von Dante, er sei nur durch das *Inferno* ein Klassiker.[4] Das mag stimmen. Das *Inferno* ist wahrscheinlich der am meisten gelesene Teil der *Göttlichen Komödie*, und kein anderer Klassiker kann für sich beanspru-
chen, das am häufigsten abgebrochene Werk der Weltliteratur zu sein. Ein vielleicht einzigartiges Schicksal. Wie
kommt es dazu, dass der interessierte Leser, angelockt vom
Versprechen des Unbekannten, Dante nach gut hundert Seiten Text vielleicht gelangweilt, vielleicht überfordert, in jedem Falle sichtlich unbefriedigt, beiseitelegt? Ist es wirklich
so herausfordernd, sich an den Schreib- und Sprachstil dieses Werks zu gewöhnen? Erscheinen die dort aufgeworfenen
Themen uns heute so fremd? Oder genügt es doch, dass die
Göttliche Komödie im Ruf steht, ob der vielen historischen
und philosophischen Anspielungen mehr als anspruchsvoll
zu sein, sodass sich mancher Leser hierdurch abgeschreckt
fühlt? Ist und bleibt Dante schlichtweg ein literarischer Son-
derfall, einzig ein Genuss für akademische Spezialisten und
bildungsbürgerliche Liebhaber?

Die angeführten Bedenken haben durchaus Gewicht.
Literatur sollte unterhalten oder belehren – am besten schafft
sie beides. Denn der Akt des Lesens ist vielfältig: Wir erfahren Neues über die Welt und ihre Beschaffenheit und
erweitern mit jeder Zeile unseren geistigen Horizont. Wir
können dabei sein, wenn Helden ihre Abenteuer bestehen,
und uns am Zauber fiktionaler Epen erfreuen. Als Leser nehmen wir Anteil an den Schicksalen von Figuren und ihrer
Geschichte, können Freude, Liebe, Hass, Wut und Schmerz
manchmal auch nachempfinden. Lesen ist für viele Menschen nicht nur ein angenehmer Zeitvertreib, sondern ein

Weg, die Welt um sie herum besser verstehen zu können. Kann uns Dante also heute noch helfen, die Welt um uns besser zu verstehen? Was hat ein Autor aus dem Spätmittelalter uns heute noch zu sagen, das auch nach 700 Jahren angeblich nichts an Gültigkeit verloren hat? Auf den ersten Blick erscheinen die in der *Göttlichen Komödie* aufgeworfenen Themen und Problematiken in einer aufgeklärten, säkularen und technisieren Welt zu befremdlich, als dass sie den modernen Menschen im Alltag tangieren.

Doch der Eindruck der mangelnden Aktualität täuscht. Auch nach 700 Jahren berührt die *Göttlichen Komödie* Themen, die nichts von ihrer Wirkung eingebüßt haben: Weltliche Politik, Philosophie und am profundesten die Konfrontation des Menschen mit seiner eigenen Vergänglichkeit und damit verbunden der Frage nach dem Jenseits. Die Wanderung durch Hölle und Läuterungsberg führt uns, genau wie Dante vor 700 Jahren, durch einen Kosmos menschlicher Verfehlungen, personifiziert durch historische Gestalten, die für alle Sünden, Verbrechen und Irrtümer stehen, die je auf Erden begangen wurden. Die künstlerische Leistung Dantes besteht nun darin, dass er aus der Synthese christlicher Jenseitsvorstellung und den zu seiner Zeit gerade wiederentdeckten Schriften der Antike ein literarisches Werk erschuf, das bis heute unser Bild der Hölle prägt. Dante erschafft in seinem Werk eine neue Jenseitslandschaft, die, eigentlich für die Lebenden unzugänglich, an der Seite des Dichters erlebbar wird. Das Inferno, das uns hier vor Augen tritt, ist aber kein bloßes Chaos des Bösen, sondern ein systematisch wohldurchdachter Ort der Strafen mit eigener Topografie: Gebirge, Flüsse, Seen und Sümpfe, grauenvolle Städte und Wälder. Dantes Hölle ist ein Ort der Extreme, an dem sich unsere Ängste in Landschaften des Schreckens manifestieren: glühende Eisenplatten, Rauchkammern, Feuerstürme, brennende Särge, siedende Pechkessel und eisige

Kälte erwarten jene Seelen, die Völlerei, Blasphemie, Gier, Ehebruch, Verrat und Mord anheimgefallen sind. Dieser Detailreichtum lässt die eigentlich abstrakte Hölle erschreckend nah und authentisch erscheinen. Und man spürt förmlich angesichts dieser grotesk übersteigerten Brutalität das ganz und gar nicht klammheimliche Vergnügen, das Dante überkommen haben muss, als er bei der Schilderung der höchst peinlichen göttlichen Justiz ins Detail gehen konnte und seinen Gegnern zeigte, was sie erwartet, wenn sie in der Hölle für ihre Untaten büßen müssen. Brecht kann man daher zumindest in Teilen bei seiner Aussage über Dante zustimmen. Hölle und Läuterungsberg hinterlassen beim ersten Lesen schon aufgrund der dramatischen Szenerien einen bleibenden Eindruck, wohingegen es im Himmel vergleichsweise recht undramatisch zugeht. Dort kann man mit Beatrice, sollte einen das Geschick dort mit ihr zusammentreffen lassen, über die wahre Natur von Mondflecken und anderen dringenden scholastischen Problemen disputieren. Thematiken die dem heutigen Alltag vielleicht dann doch etwas zu fern sind.

Die *Göttliche Komödie* ermöglicht aber nicht nur ein Blick auf das Jenseits. Dante verarbeitet die römisch-griechische Philosophie, Dichtkunst und Mythologie in seinem Werk. Er beschreibt florentinische Politik und Stadtgeschichte neben Kirchen- und Herrscherkritik. Mythische Figuren aus der antiken Dichtung reihen sich neben historischen Persönlichkeiten aneinander und treten mit Dante und mit dem Leser in Dialog. Doch es bedarf keiner umfassenden bildungsbürgerlichen Vorkenntnisse, um in den Genuss der *Göttlichen Komödie* zu kommen. Natürlich mag ein Blick auf die historischen Ereignisse und Persönlichkeiten des 13. Jahrhunderts lohnenswert erscheinen, will man tiefer in Dantes Werk eintauchen. Wird der Zugang zu Dante dadurch leichter? In manchen Punkten sicherlich. Historische Zusammenhänge und Ereignisse im Werk erkennen und deuten zu können (ein gutes Beispiel hierfür ist die Geschichte des Grafen Ugolino, *Inferno*, 32/33), mag dem Leser den Kontext verständlicher machen. Allerdings ist es nicht nötig, um das Schicksal des historischen Ugolino zu wissen, um sich dessen tragischer Situation im neunten Höllenkreis bewusst zu werden. Dante will mit seinem Werk den Leser weder über das historische Weltgeschehen informieren noch mit einer philosophischen Idee vertraut machen. Vielmehr geht es ihm um eine »bezwingende Dichtung, in deren Feuer jede Thematik eingeschmolzen wird, das Drama eines ganzen Menschenlebens ebenso wie die Politik, die Theologie oder eine vielfältig deutbare ›Philosophie‹.«⁵ Dies zeigt sich auch an der Wahl seiner Sprache für sein Hauptwerk: Italienisch. Der sogenannte leichte, anspruchslose Stil (volgare illustre) sollte eben allen den Zugang zur *Commedia* ermöglichen. Daher ist nach Auffassung des Verfassers die Entscheidung des Erstlesers, zwischen beispielsweise einer Versübersetzung von Wilhelm Hertz oder der freieren Prosa eines Kurt Flasch weniger bedeutsam, als vielleicht zu vermuten ist. Ähnliches kennt man von anderen Großen der Literatur. So ließe sich bei Homers Werken die gleiche Diskussion führen – Voß oder Schadewaldt?! Letztlich sollte in beiden Fällen einzig der Lesegeschmack des Einzelnen (über den man sich ja bekanntlich streiten kann) entscheiden. Vers- und Prosaversionen haben beide ihre Vor- und Nachteile, deren Erläuterung an dieser Stelle zu weit gehen würde. Nur so viel sei dazu gesagt: Natürlich handelt es sich bei Dante, wie auch bei Homer, um Dichtung, nicht um Prosa, sodass eine Versübersetzung vielleicht eher den Geist der *Göttlichen Komödie* auch auf der Ebene der Textstruktur wiedergibt. Doch gehören solche Gedanken wirklich zu den Sorgen eines Erstlesers? Ich glaube nein.

Wem ist nun dieses Jahrhundertwerk, dieses Stück Weltliteratur aus der Feder Dantes zu empfehlen? Man möchte meinen, dass die *Göttliche Komödie* so vielfältig und tiefschichtig ist, dass jeder Aspekte in ihr findet, die ihn ansprechen. Doch das wäre zu einfach. Ein gewisses Grundinteresse sollte natürlich vorausgesetzt werden, denn Dantes Werk ist keine einfache Bettlektüre. Offenen Geistes und Herzens sollte der Leser sein und sich auf den Stoff, der sich vor ihm beim Lesen entfaltet, erst einmal einlassen. Wichtiger erscheint es, zuerst die eindrucksvolle Szenerie und die Figuren wahrzunehmen, ohne sich Gedanken über Stil, Form und Hintergründe zu machen. Wer dies beherzigt, wird feststellen, dass »die Faszination, Wirkung und […] Gültigkeit der ›Comedia‹ darin begründet [liegen – sic!], dass sie den aufmerksamen Leser dahin bringen, einen Augenblick aus der Enge seines Jahrhunderts herauszutreten. In der Begleitung des Wanderers durch Hölle und Himmel beginnt er, die Welt mit anderen, sensibleren Augen zu sehen.« Wer an diesen Punkt kommt, wird auch nach dem Inferno Dante nicht beiseitelegen wollen.

[1] Erstmalig 1555 als *La Divina Comedia* wurde Dantes Werk von Ludovico Dolce bezeichnet, der für den Drucker Gabriel Giolito in Ferrara die *Comedia* bearbeitete. Allerdings gab erst die frühe kritische Ausgabe der Academia della Crusca in Florenz, 1595, dem Werk seinen bis heute gültigen Namen *La Divina Comedia di Dante Alighieri*. Zitiert nach Fritz R. Glunk: *Dante*. Dtv, München 2003. S.159.

[2] Franziska Meier: *Besuch in der Hölle*. Dantes Göttliche Komödie. C. H. Beck, München 2021. S. 202. Dante Alighieri: *Commedia*. In deutscher Prosa von Kurt Flasch. S. Fischer, Frankfurt am Main 2020. Nachwort S. 595.

[3] Dante Alighieri: *Commedia*. In deutscher Prosa von Kurt Flasch. S. Fischer, Frankfurt am Main 2020. Nachwort S. 595.

[4] Ebd., S. 596.

[5] Glunk: *Dante*, S. 169.

Dante Alighieri: *Commedia*. In deutscher Prosa von Kurt Flasch. S. Fischer, Frankfurt am Main 2020.

Glunk, Fritz R.: *Dante*. Dtv, München 2003.

Meier, Franziska: *Besuch in der Hölle. Dantes ›Göttliche Komödie‹*. C. H. Beck, München 2021.

Reise im Traum oder: An Dante denken

Von André Schinkel

Dinanzi a me non fuor cose create
se non etterne, e io etterno duro.
Lasciate ogne speranza, voi ch'intrate.
Divina Commedia, Inferno III, v. 1-9

So in der Mitte des Lebens gestrandet, Bewegung im zweiten, bedrohlich sich einkürzenden Drittel, wird unsere Angst »ein wenig stille«, ist das so? Vor uns die krümligen Schaluppen des Abstiegs, die gebogenen Horizonte des brennenden Sands, der lodernden Brandung, durch die *lonza*, in Pantherscheckung, verschwindend greint und schimmert. Wollüstig biegt sich der Blick der Bestie gegen uns, die wir uns mit Chemikalien behelfen, nicht zu versagen. Aus der eigenen Tiefe schöpfen: Das haben wir lange verlernt, haben's aber nicht vergessen. Einzig, wir sind die Hindernisse, die wir uns selbst stellen, im Fleisch, in den Gedanken, in der Bemessenheit unserer Zeit und dass wir sie nicht wahrhaben mögen. Ja, es ist der gemähnte Hochmut, grollend und miauend, und die borstige Habgier, die uns, die Völker (kein, wie es der zänkische Schwabe verhieß, Schweigen, kein Schlummern) ins Verderben stürzt, wieder und wieder – eine Wölfin, die uns von der Läuterung abhält grausam und kalt. Keine Sonne. Schweigen, wo ihr Strahl fehlt.

Unentschlossen stehen wir herum, betrachten den Limbus, tiefergelegt: unentschlossen, zag, gierig und lästernd. Oder vorerst noch still. Denn der Edle steht in der Ferne, hernach und voraus; mitleidlos scheint er, einzig die Versagung von Liebe und Wollen reißt ihm die marmorne Maske vom erhab'nen Gesicht. Der Ansturm der Tiere, in dunkle Farbe getaucht, der Spiegel, der uns, Elende, die wir sterben

181

werden, von Mücken zerstochen, zeigt – die kommende Halskrause aus Schlamm, das rinnende Blut unter dem Herzschlag der rauschenden Felle. Davor versiegt die hohle, brabbelnde Stimme … gehört und bewaffnet mit Charon-Geld, es dem starken, furchtbaren Fährmann zu übergeben einst, an der Mündung des erdseitigen Tiber. Still treten wir ein, hindurch und hinzu; und das edle Paar geht uns weit voraus, unbedrängt, schauend; während an uns sofort die Zähren nagen, das rollende Auge der Schuld aus den Feuerringen der Lider hervorbricht, hinter denen der neunte Kreis endet und der Hügelanstieg zu den reinigenden Gebresten mehr verheißen denn sichtbar. Was hat uns so blind werden lassen? Der frühe, der hohe Verlust – er ist uns allen, ist den schwachen Gemütern in die zu fegenden Seelen gebrannt. Nicht werden wir, in die Sand- und Eisbänke der kopfstehenden Ringheiligtümer verbannt, wiederkehren, keiner pflückt uns den Frost von den Augen, bevor die Tränenflut nach innen einstürzt, in unsere Hüllen, die Hohlformen unserer Leiber, mit denen wir die Welt verschmutzten – mit unseren Wünschen und Forderungen, die Dinge betreffend, in die gaukelnden Felle von Katzen und Wölfen gehüllt. Nicht still sind wir, sind nur verstummt, bevor wir wieder beginnen zu reden, zu flüstern, zu wimmern, zu schreien. Da geht das Eis, an den Gletschertischen der Hoffart vorbei, über uns weg wie über die eine, die nämliche, die steinige Mulde des Similaun, in der uns die Last jener Sünde zerreibt, die um der Jahrtausende willen nicht von uns genommen sind, genommen sein können … weil der Edle noch fehlte und sein väterlicher Meisterbote, der einer früheren Neunheit entstammt.

Das schreitende und unbehelligte Paar, wie es uns vorausgeht und doch zu uns tritt, die wir zugleich eingeschlossen stehen, mit Krägen aus Kot und Begierde, noch nicht gestillt, noch immer nicht gestillt: Wie wir aufschauen und wissen, es geht vorbei und ist schon zu spät. Denn es ist die alles bewegende Frage nicht mehr gelöst und nicht mehr zu lösen. Und doch, doch ist da ein Weg, auch wenn er zunächst dem Gang in die Verbannung, in die Dunkelheit der abseitigen Seite der Schöpfung gleicht: »Die Sonne stieg hervor mit jenen schönen Sternen ...« Und es steht ein fernes Licht über der Wölfin, die »schien beladen«, und es glimmt fern das »Licht des Paradieses in den Augen«, kalt, fahl. An diesem tiefen Ort, an dem der Brokat des Hochmuts über die Haarknoten und Fleischmützen der Habgierigen schleift, *basso loco.* Wie die beiden uns führen und auf uns zukommen in einem – das dürfte die Verheißung und das Inferno sein, ins Eins unserer Träume gefasst, wie wir es nicht begreifen und es uns doch aufschimmert, anheim ist: Wir fürchten die Monstren in der Tiefe und sind sie zugleich. So ist es – der Alp legt es frei wie unsere Hälse, auf denen die verklebten Augen sitzen, lichtbegierig und hoffensfroh einst. Erinnern wir uns ... in den kühlen Brunnen, Badereien *unserer selbst* saßen wir einmal und fragten beherzt und solvent: Was ist Ewigkeit? Eingekeilt in Bedürfnisse und Pflichten, deren Notwendigkeit und Schein uns nicht mehr schlüssig erreicht, hockten wir in den Vorwartehöfen der Hölle herum, die uns das Paradiso versprach, solange wir nur die Augen fest auf die glühenden Ofentüren heften, die uns wie die zischenden Drehkreuze der Verheißung vorkamen.

Und nun – sind wir das selbst, der Wilde Wald, durch den das Licht nicht dringt? Noch ist das Vestibül nicht erreicht, da träumen wir von der Ewigkeit schon. Bis zu den, ich sagte es, Ohren im Eis. Die Augen, unter den Röcken der Edlen, die eine Schar Zerrissene führn, entlang in die Richtung, aus der das Licht sein Flackern verliert, vorausahnend, Gesträuch und Leuchten sind an den hängenden Stufen des läuternden Aufstiegs ... Noch sind wir hier. Wo die »Sonne schweigt«. Und doch … diese unstillbare Sehnsucht: Das. Angesicht. Gottes. Zu. Schauen. Unbeirrbar: »Die Liebe trieb mich, dass ich reden musste.« Einmal hätte ich gern die Casa di Dante gesehn, in Florenz, die falbe, schöne Hülle, die den Meister vertrieb, in anderer bewegter Zeit. Ja, was will uns das heute, fragte ich mich und genösse doch, von marmorner Stille erfüllt, aus den Fegefeuern allein im Anblick des Idyll, des trügenden Platzes entkommen. Aber das kann die Masse, in der ich nun stehe, die Schar, die mit gebogenen Gliedern den Edlen nachläuft, der Blick, in dem wir gemeinsam in Sehnsucht und Bewunderung in Glut und knirschender Fäule stehen, nicht begleichen. Nein, dafür reicht die Kraft der Träume nicht aus. Und seien es gemeinsame, verabredete – die Einsicht dafür kommt womöglich Äonen zu spät. »Die Teufel hacken das Hirnholz«, das schrieb einst einer, der längst auf die Abwege geriet; aber hier, hier, *basso loco*, sehen wir, er hatte Recht … – nur dass er nicht wissen konnte, die anderen Dämonen setzen es wieder zusammen in einem Kreislauf der ewigen Pein, nageln die Bäume der Gedanken und Affekte wieder und wieder zusammen; man muss schon ein ›Durante‹ im Arm eines Vergil sein, das zu bestehen.

Nach Ruhe sehnen wir uns, nach dem Engelsbrot, das die Liebe bereithält. In der Mitte des Lebens gestrandet, an die Fährgroschen geklammert. Ein ewiger Schmerz, mit dem Blick der Verheißung notdürftig gesalbt. Vor uns, hinter uns, stellen wir uns vor, die Höllenkreise aus den gierfahlen Knochen von Kardinälen und Päpsten gebaut? Ja, das ist eine Frage, kann nur Frage sein, wenn wir Erlösung erhoffen. Wir haben sie, vom Licht der Liebe, und sei es eine aus Wollust, getrieben, auf unserem Weg an den Hängen des Purgatoriums hinauf schnell zu vergessen. Augmentation, mit dem Vorbeizug der Schar sich ausdehnender, anschwellender Ton, dem noch ein größerer folgt –

Ton um Ton, Gesang und Geschrei, Schlachtenlärm, das Geräusch der Flugmobile, mit denen sich die »vielen Völker« in Aussicht und Habgier ergehen. Wie, fragen wir uns, konnte es soweit nur kommen? Fragen zu spät, in den irrlichternden Sümpfen, die uns halten und hüllen, in denen wir zu den Puppen und Moorgestrüppen werden *unserer selbst, unserer selbst*, drei ganze Male muss es gesagt sein, ja, für jedes Buch des Martyriums einmal. In den Badereien der gehetzten, inkontinenten Lüste, in den Saturnringen von Gewalt und Bestialität, im filzigen Pelz von Bosart und Gier bleibt uns nur an Dante zu denken, in seinem beharrlichen Exil, und zu schweigen (wo wir doch rufen wollten), wenn er an uns vorbeigeht. *Ex unque leonem*: von einem Leoparden, einem Löwen, einer Wölfin, eine Horde Abgerissener verfolgt. Und in den Augen dieser das Grauen, die lodernden Wälle, die Stufen des Fegefeuers zu durchschreiten; Grauen und Ausblick – worauf? Denn was ist, an die Ofentüren, den Saum der Arktis geklebt, unser Erwarten: Lichter Tag? Ekstatische Stille? Ja. Jaja! Dann erst lägen die neun Kreise des Paradieses vor uns. Südlich und warm. Die Gestirne, sie leuchteten bis auf die Mauern herab, die Trümmer der Reifen, von unsern Herzen gepellt. Eine goldene Zeit, sie begänne, und die Meisterboten der Epochen, sie träten zu uns – wir nähmen mit ihnen (um in den Worten des zänkischen Schwaben zu sprechen) im neu zu errichtenden Götter- und Menschentag Platz. Wir dürfen nur nicht, bei aller Pein des geträumten Infernos, erwachen. Wir würden weder den Fakt noch den Anblick verkraften, der sich uns böte: Wilder Wald. Weiter sind wir nicht gekommen. Und dabei träte der Edle im Arm seines Vergil soeben in den inneren Kreis des Lichts, des sich aufbäumenden Paradieses, ein. Wir könnten es niemals verkraften. Unsere Angst stände still, jedes Schritts und Geräusches, und sei es ein Flüstern, beraubt. Das sich einkürzende Drittel, es verblasste

… und ein drittes, es wäre keinem gegeben. Verstummt setzten wir uns in Gang, auf das Tor zu, von dem es heißt, man soll alle Hoffnung lassen. Es wäre der Weg, von dem wir glaubten, wir hätten ihn längst tief im Orkus gelassen. Es wäre der Augenblick unserer größten, erschrockensten Stille und Sehnsucht nach Licht.

Über die Autorinnen und Autoren

BRUNO BINGGELI studierte Physik und Astronomie in Basel. Promotion in Astronomie 1981, danach Forschungsaufenthalt an den Carnegie Observatories in Pasadena, Kalifornien. Ab 1983, mit Unterbrechungen, am Astronomischen Institut der Universität Basel. 1995 Habilitation in Astronomie an der Universität Basel, seit 2003 Titularprofessor daselbst. Forschungen und zahlreiche Fachpublikationen zur Morphologie von Galaxienhaufen und Zwerggalaxien. 1988-1990 am Osservatorio Astrofisico di Arcetri, Florenz. Autodidaktisches Studium der Werke Dantes. Buchpublikation zur Synthese von Astronomie und Dante: *Primum Mobile. Dantes Jenseitsreise und die moderne Kosmologie*, Zürich 2006.

VOLKER EBERSBACH studierte Klassische Philologie und Germanistik an der Friedrich-Schiller-Universität Jena, wo er auch promovierte. Er ist seit 1976 freier Schriftsteller, Übersetzer und Herausgeber von Erzählungen und Romanen, Kurzprosa, Gedichte, Essays, Kinderbücher, Biographien und Anekdoten. Einzelne Werke wurden ins Slowenische und Kroatische übertragen. 1985 erhielt er den Lion-Feuchtwanger-Preis. Von ihm erschienen sind u. a. *Heinrich Mann. Leben, Werk, Wirken* (Reclams Universalbibliothek, 754. Leipzig 1978); *Rom und seine unbehausten Dichter* (Essays, Mitteldeutscher Verlag 1985/87); *Nietzsches tragische Anthropologie. 2 Bde.* (Leipziger Universitätsverlag 2002/2006); *Die letzte Fahrt der Württemberg. Erzählungen, Erinnerungen* (VentVerlag 2012); *Ich liebe also bin ich – Stendhal, ein biografischer Essay* (Shaker Media 2017).

ERNST PETER FISCHER studierte Mathematik, Physik und Biologie und promovierte am California Institute of Technology. Er habilitierte sich im Fach Wissenschaftsgeschichte

u. a. an den Universitäten Konstanz und Heidelberg. Als Wissenschaftspublizist schreibt er unter anderem für *Die Welt* und *Focus*. Fischer ist Autor zahlreicher Bücher, darunter der Bestseller *Die andere Bildung* (2001) und die Max-Planck-Biographie *Der Physiker* (2007). Darüber hinaus erschienen von ihm u. a. *Die Verzauberung der Welt – Eine andere Geschichte der Naturwissenschaften* (2015) und *Durch die Nacht: Eine Naturgeschichte der Dunkelheit* (2017). Für seine Arbeit erhielt er mehre Preise, u. a. den Sartorius-Preis der Akademie der Wissenschaften zu Göttingen.

SEBASTIAN HELM studierte Anglistik und Philosophie an den Universitäten Leipzig und Bristol. Zu seinen Schwerpunkten zählen u. a. die moderne Mythenrezeption sowie die Interpretation von Mythen in Psychologie und Medien.

JÖRG JACOB lebt und arbeitet als freier Autor in Leipzig. 2006 erschien sein Romandebüt *Das Vineta-Riff*. Er erhielt verschiedene Auszeichnungen und Stipendien, u. a. den Gellert-Preis. Seit 2010 betreut er verschiedene Projekte und Schreibwerkstätten für Kinder, Jugendliche und Erwachsene. Zuletzt erschien *Godot gießt nach/Herr Tod will leben*, Connewitzer Verlagsbuchhandlung, 2019, sowie seine Erzählsammlung *Aus der Stadt und über den Fluss – Zwölf Versuche über das Gehen*, 2022.

SIBYLLE LEWITSCHAROFF, 1954 geboren in Stuttgart, 2023 in Berlin verstorben. Für *Pong* erhielt sie 1998 den Ingeborg-Bachmann-Preis, 2007 wurde sie mit dem Preis der Literaturhäuser ausgezeichnet. Für *Apostoloff* erhielt sie 2009 den Preis der Leipziger Buchmesse und wurde 2013 mit dem Georg-Büchner-Preis ausgezeichnet. Von Sibylle Lewitscharoff sind u. a. erschienen *Blumenberg* (Suhrkamp, 2011), *Das Pfingstwunder* (Suhrkamp, 2016), *Von oben* (Suhrkamp, 2019),

Warten auf: Gericht und Erlösung: Poetischer Streit im Jenseits (Herder, 2020), *Warum Dante?* (Insel, 2021).

Leonhard Lietz studierte Germanistik und Geschichte an der Bergischen Universität Wuppertal und war u. a. als Deutschtutor an der University of Delhi tätig. Zu seinen Forschungsschwerpunkten zählen die vergleichende Literatur- und Kulturgeschichte sowie Magiestudien mit dem Schwerpunkt Agrippa von Nettesheim.

Franziska Meier ist Professorin für Französische und Italienische Literaturwissenschaft am Seminar für Romanische Philologie an der Universität Göttingen. Sie beschäftigt sich seit vielen Jahren sowohl mit dem Werk Dantes als auch mit der Geschichte der Rezeption Dantes weltweit. Gegenwärtig forscht sie zur Rezeption Dantes in der modernen afrikanischen Literatur.

Clemens Meyer debütierte 2006 mit seinem Roman *Als wir träumten*, der sowohl in Deutschland als auch international für Furore sorgte. Es folgte der Kurzgeschichtenband *Die Nacht, die Lichter* (2008), ausgezeichnet mit dem Preis der Leipziger Buchmesse. Nach *Gewalten. Ein Tagebuch* (2010) erschien sein zweiter Roman, *Im Stein* (2013), der auf der Shortlist für den Deutschen Buchpreis stand und mit dem Bremer Literaturpreis geehrt wurde. Weiterhin erschienen *Der Untergang der Äkschn GmbH* (2016), der Erzählungsband *Die stillen Trabanten* (2017) sowie die Erzählung *Nacht im Bioskop* (2020). 2020 wurde Clemens Meyer mit dem Klopstock-Preis für neuere Literatur ausgezeichnet.

Colleen Nichols studierte Kulturanthropologie mit Nebenfach Vergleichende Religionswissenschaft in St. Louis, Missouri, USA und Archäologie in Sheffield, Großbritan-

189

nien. Zu ihren Schwerpunkten zählt die europäische Vorgeschichte – von der späten Bronzezeit bis zur frühen Eisenzeit in Großbritannien, Irland und Schottland.

CLAUDIA ROCH studierte Ethnologie, Journalistik und Religionswissenschaft in Leipzig, wo sie auch promovierte. Zu ihren Forschungsschwerpunkten zählen neben der vergleichenden Kulturgeschichte u. a. die Mythologie, Religion und Kultur der Indianer Nordamerikas. Zuletzt Mitherausgeberin von: *Schöpfer, Schelm und Schurke. Der Trickster im Zwielicht.* Edition vulcanus (2018).

ELMAR SCHENKEL war bis 2019 Professor für Englische Literatur und ist Vorsitzender des Arbeitskreises für Vergleichende Mythologie. Buchveröffentlichungen zu Exzentrikern in der Wissenschaft, zur Alchemie und zum Fahrrad in der Literatur. Zuletzt erschienen: *Unterwegs nach Xanadu. Begegnungen zwischen Ost und West* (S. Fischer, 2021) und eine Neu-Edition von Friedrich Nietzsches *Die Fröhliche Wissenschaft* (Kröner, 2022). Er ist auch Autor von Reisebüchern, Erzählungen und Essays.

ANDRÉ SCHINKEL ist Schriftsteller, Lektor und Archäologe. Seine Texte wurden in achtzehn Sprachen übersetzt. Darüber hinaus dichtet er aus dem Bosnischen, Serbischen, Kroatischen, Bulgarischen, Armenischen, Englischen und Altägyptischen nach. Für sein Werk erhielt er zahlreiche Auszeichnungen und Stipendien, u. a. 2006 den Förderpreis der Ringelnatz-Stiftung. Er war Stadtschreiber von Halle, Ranis und Jena. Von ihm erschienen sind u. a. *durch ödland nachts* (1994); *Herzmondlegenden* (1999); *Unwetterwarnung. Raniser Texte* (2007); *Das Licht auf der Mauer* (2015); BODENKUNDE (2017); *Anna Hood und das Wunder vom Crostigall* (2021).

CHRISTOPH SORGER studierte Journalistik und arbeitete viele Jahr als Redakteur, Verlagslektor, Übersetzer und Herausgeber (u. a. G. K. Chesterton). Zu seinen Forschungsschwerpunkten zählen antike Mythologie und Mythenrezeption sowie vergleichende Kulturgeschichte.

CONSTANCE TIMM studierte Geschichte, Archivwissenschaften und Germanistik an der Universität Leipzig. Promotion über mediävistische und moderne Erinnerungskultur am Beispiel der Dominikaner- und Universitätskirche St. Pauli zu Leipzig. Zu ihren weiteren Forschungsschwerpunkten zählen die vergleichende Literatur- und Kulturgeschichte sowie die postmoderne Mythenrezeption. Von ihr erschien u. a. *Geschichte im Wandel. Das Dominikanerkloster und die Universitätskirche St. Pauli zu Leipzig.*

HANS-CHRISTIAN TREPTE studierte Russisch und Englisch (Erwachsenenbildung) in Greifswald und Leipzig, nachfolgend Polonistik (Literaturwissenschaft) in Leipzig, Warschau und Breslau. 1979 Promotion über Jarosław Iwaszkiewiczs Epochenroman *Sława i chwała* [Ruhm und Ehre]. 2002-2016 Mitarbeiter am Institut für Slavistik der Universität Leipzig. Forschungsschwerpunkte: polnische und tschechische Kultur und Literatur, Exilliteratur, deutsch-polnische kulturelle und literarische Beziehungen. Er ist auch als Übersetzer tätig (u. a. Jarosław Iwaszkiewicz, Henryk Grynberg, Tomasz Małyszek, Czesław Miłosz u. a. Zuletzt erschien 2022 sein Buch *Zwischen Kap Arkona und dem Lausitzer Bergland*. Westslawische Mythologie in der Reihe Kleines Mythologisches Alphabet (Edition Hamouda).